Joachim Scholz

Ein klarer Weg

Joachim Scholz

Ein klarer Weg

St. Stephanus

Fromm Verlag

Imprint

Cover image: Vom Autor bereitgestellt

Publisher:
Fromm Verlag
is a trademark of
International Book Market Service Ltd., member of OmniScriptum Publishing Group
17 Meldrum Street, Beau Bassin 71504, Mauritius

Printed at: see last page
ISBN: 978-613-8-35771-1

Ein klarer Weg

St. Stephanus

Vorwort

St. Stephanus hat mich seit meiner Kindheit schon mächtig beeindruckt. Sein großartiges Zeugnis gilt für mich noch immer, sein Suchen nach Wahrheit, die Klarheit seiner Haltung im Denken, Reden und Handeln faszinieren mich bis heute. Er war für mich wie ein treuer Begleiter durch alle Krisen, Anfeindungen in der sozialistischen Schulzeit, bei meinem Suchen nach Wahrheit und meiner Berufung.

Mit diesem Buch möchte ich nun Stephanus begleiten, von dem uns Lukas in seiner Apostelgeschichte berichtet. Er lebte im ersten Jahrhundert in Jerusalem oder im Umfeld dieser Stadt in einer jüdischen Familie, die ihm offenbar einen gesunden Wurzelgrund bot für seinen überzeugenden Jahwe-Glauben.

Palästina aber war eine römische Provinz, in der es immer wieder zu politischen Spannungen kam, die von den Römern sehr drastisch und grausam „gelöst" wurden. Sie faszinierten mit ihrer Kultur: Ihren gewaltigen Bauten, ihren Straßen, ihrer straffen Organisation und ihren fragwürdigen Sitten und Gebräuchen. In dieser Umwelt war es nicht einfach, als frommer Jude zu leben. Dennoch suchte Stephanus unbeirrt seinen ehrlichen Lebensweg im Judentum.

Das wird deutlich bei seiner Beschäftigung mit den Bibeltexten auf seinen Papyrusblättern und in den Gesprächen mit seinem Vater.

Bei einem Tempelbesuch traf Stephanus auf Petrus und Johannes. Petrus heilte einen Gelähmten, der ihn um eine Gabe bat. Viel Volk lief zusammen und staunte. Petrus verkündete daraufhin den auferstandenen Christus (s. Apg 3,1-4,3).

Damit ergaben sich für Stephanus völlig neue Perspektiven für sein Suchen, was die Gespräche mit seinem Vater sehr belebte.

Seine Freundschaft mit dem Griechen Timotheus, der bereits heimlich ein Christ geworden war, fand eine ganz neue Basis. Timotheus verhalf Stephanus den direkten Zugang zur christlichen Jerusalemer Urgemeinde, ohne den jüdischen Glauben aufgeben zu müssen; war doch Jesus selbst Jude, seine Apostel waren es auch, folgten Jesus und verehrten weiterhin Jahwe, der ja diesen – seinen Sohn - uns als den verheißenen Messias gesandt hat.

Stephanus hörte mit Begeisterung die Predigten des Petrus, des Johannes, des Jakobus, des Matthäus und erlebte die Lebendigkeit der Jerusalemer Urgemeinde. Er entdeckte die christliche Botschaft als noch konkreter, menschlicher und somit treffender –

führte das Gesetz des Moses wie auch die Botschaft der Propheten weiter, überragte sogar die Botschaft seines Lieblingspropheten Amos.

Er ließ sich taufen und engagierte sich in dieser Gemeinde als Diakon, als Verkünder und letztlich auch als Märtyrer, wodurch er Christus sehr ähnlich wurde.

Er ist ein beispielhafter Christ, der unseren höchsten Respekt verdient wie auch unsere Verehrung. Er könnte in uns auch ein größeres Interesse für die Bibel wecken und sie als treue Begleiterin für unseren Lebensweg als Gläubige erschließen, wenn wir uns dafür öffnen.

Joachim Scholz

1.

Stephanus saß mit seinen Papyrus-Blättern in der schattigen Ecke der Veranda und ´studierte` – wie seine Eltern und Geschwister seine Beschäftigung mit diesen alten. abgelegten Schriften nannten.

Das war nun mal sein Lieblingshobby, auch wenn die Sonne noch so heiß über Jerusalem brannte und Mensch wie auch Tier den Schatten suchten.

Stephanus liebte die Psalmen Davids, vor allem aber die Propheten aus der Tradition des jüdischen Volkes, die oft allein standen, aber dennoch mutig die Botschaft Jahwes ausrichteten. Sie wurden nicht immer gern gehört und verursachten oft Unruhe und Streit unter den gläubigen Juden. So mancher Prophet verlor sogar sein Leben wegen seiner deutlichen Kritik am Gottesvolk von den Händen seiner Zuhörer.

Diese Propheten haben es Stephanus angetan, er schätzte und bewunderte sie und stellte oft fest, dass sie zu jeder Zeit hoch aktuell waren – es auch bis heute noch sind.

Sie hinterfragten Stephanus selbst, tadelten ihn sogar, aber sie empfehlen auch bessere Wege nach dem Gesetz des Moses. Sie kritisierten sogar Könige und griffen in die Politik ein.

Bei ihnen fand Stephanus immer wieder Orientierung und Richtung für sein Suchen und Fragen, mitunter sogar Bestätigung und eine gewisse Zuversicht, sogar Sicherheit für seinen weiteren Weg.

Da tönte es von der Straße her: „Salve, o amice!“

Stephanus sprang auf, trat an das Gitter der Veranda und grüßte erfreut zurück: „Salvete, o amici!“

Drei seiner Freunde saßen in einem Pferdegespann, den ein Sklave der Familie des Primus – der römische Freund dieses Kleeblatts - lenkte und soeben anhielt.

„Kommst du mit nach Cäsarea – zum Gladiatoren-Kampf oder ins Bad?“ fragten die Freunde.

„Gute Idee“, rief Stephanus zurück, „einen Moment, ich komme!“
Eine Minute später saßen die vier Freunde vereint im Wagen und fuhren leicht beschleunigt in Richtung der Römer-Stadt Cäsarea.
Diese Stadt bewunderte Stephanus schon lange. Sie wurde mit dem tollen Organisationstalent der Römer ziemlich schnell erbaut. Und die prächtigen Gebäude, diese großartigen Straßen und diese Bäder wie auch das Amphitheater überzeugten: Die Römer bauen genial. Sie haben zu dem eine unschlagbare Armee mit einer straffen Disziplin, ein einmaliges Rechtssystem und überall herrscht bei ihnen Ordnung.

Timotheus – der griechische Freund - stichelte allerdings gern und oft gegen diese Römer, die ja vieles von den Griechen gelernt haben.
Sie waren Meister der Philosophie, der Literatur – die Dramen und Tragödien, die Ilias und die Odyssee sind bewundernswert. Ihre Gymnasien wie auch ihr ganzes Schulsystem verdienen höchsten Respekt, ihre Architektur und ihre meisterhaften Statuen verbinden Schönheit mit großer Weisheit, die aus allen ihren Werken strahlt. Viele Griechen – Sklaven und Freie - sind Lehrer im ganzen Römischen Reich.

„Willst du Kämpfe sehen oder baden?“ fragte Levi – der kleine, jüdische Freund. „Ich möchte ins Meer springen!“ erklärte Stephanus.
„Jetzt hab´ ich zwei Weicheier in meinem Wagen“ bedauerte Primus,
der Römer. „Die gehen dir balde direkt an den Kragen!“ drohte Timotheus,
der sich schon für das Baden entschieden hatte.
„Sehr poetisch!“ lobte Primus ironisch und schrie seinen Sklaven an:
„Ali, treib die Pferde gefälligst an – mach ihnen Beine; sonst nehme ich
die Peitsche und treibe dich und die Pferde an!“
Die anderen drei Freunde schauten sich an…

Stephanus zitierte:

„Kehrt um, ihr Sünder, tut was recht ist in Gottes Augen! Vielleicht ist er gnädig und hat auch mit euch Erbarmen“

(s. Tob 13,8).

Primus: „Euern Jahwe brauch ich nicht. Ich glaub an unseren Gott Mars!“ Dennoch wurde er nachdenklich.

Nun erklärte Levi: „Ich wollte schon lange mal spannende Gladiatoren-Kämpfe sehen, aber das durfte ich bisher nicht“, bedauerte er.

Darauf Stephanus: „Hast du die Gebote unseres Gottes vergessen? –
Du sollst nicht töten!“

Levi: „Ich will doch gar nicht töten, ich will nur zuschauen wie gekämpft wird“.

Stephanus: „ …und willst deine Freude am Töten als Spiel und Spaß genießen - meinst du, das gefällt Jahwe?“

Levi nachdenklich: „Hm“.

Primus schaltete sich ein: „Versau ihm doch nicht sein Vergnügen!“

Timotheus: „Es gibt viel schönere Vergnügen…“

„Klar doch: den Weibern beim Baden auf den Leib schauen und sie betatschen und vielleicht noch viel mehr…“, vermutete Primus spöttisch.

Nach einer kurzen Besinnungspause erklärte Levi: „Ich gehe mit baden“.

„Aha“, lachte Primus.

Timotheus stellte fest: „Also 3:1 für die Weicheier!“ und lachte, in das die anderen einstimmten – auch Wagenlenker Ali.

Dessen Lachen aber erstarb unter dem strengen Blick seines Herrn Primus.

Levi bemerkte: „Der Arme – darf nicht einmal lachen“.

Primus darauf: „Sklave ist nun mal Sklave! – Habt ihr Juden nicht selber Sklaven?“

Stephanus erklärte: „Die behandeln wir aber anders:

Folgende Regel gilt für das Pascha-Mahl: Kein Fremder darf davon essen; aber jeder Sklave, den du für Geld gekauft hast, darf davon essen, sobald du ihn beschnitten hast (Ex 12,43f).

Und weiter: **Der siebte Tag** der Woche **ist Ruhetag - dem Herrn, deinem Gott geweiht. An ihm darfst du keine Arbeit tun: du, dein Sohn und deine Tochter, dein Sklave und deine Sklavin, dein Vieh und der Fremde, der in deinen Stadtbereichen Wohnrecht hat (Ex 20,10);** und noch einmal weiter:

Wenn du einen hebräischen Sklaven kaufst, soll er sechs Jahre Sklave bleiben, im siebten Jahr soll er als freier Mann entlassen werden (Ex 21,2).

Das sind doch wohl große Unterschiede!"

- Stille - alle staunten...

Timotheus „Mein Papa war auch mal Sklave..."

Primus: „Ich muss euch warnen: Werdet bloß nicht aufmüpfig, sonst werdet ihr alle römische Sklaven ohne Sabbat-Mahl oder Freiheit nach sechs Jahren..."

Levi: ... „oder gekreuzigt - wie neulich die zehn Männer in Galiläa."

- betretenes Schweigen...

Darauf Primus: „Und euer mächtiger Jahwe schaut dabei zu..."

Stephanus erinnert: „Wir haben schon so manche Besatzungsmacht überstanden", dann etwas leiser:

„ ...und so manche Weltmacht zusammenbrechen sehen".

„Pass ja auf, du Hochverräter!" drohte Primus grinsend mit dem Zeigefinger, „aber - wir sind ja Freunde".

Jetzt grinsten alle und wurden wieder heiter.

Timotheus kommentierte:

„Wie liebenswürdig ist der Mensch, wenn er Mensch ist -

Menander, griechischer Dichter", (+ 291 v.Chr).

„Nehmen wir einen Schluck!“ lud Primus ein und zauberte einen Krug aus einer verhüllten Ecke des Wagens und reichte ihn herum.
Alle tranken.
Primus: „Du auch, Ali“ und reichte seinem Sklaven den Krug.
„O Danke, Herr!“ antwortete Ali und nahm einen großen Schluck.
Auch Primus trank und polterte plötzlich los:
„Iiiiiiii, klares Wasser!“ – und zu Ali: „Bei Bacchus! Hab ich dir nicht befohlen, etwas Wein diesem Wasser beizumischen?“
„Das hat mir dein Vater verboten“, erklärte Ali mit zuckenden Schultern.
Primus grinsend: „Da hast du dich eben zu dämlich angestellt –
1000 Peitschenhiebe!“
„Gnade, Gnade Herr!“ winselte Ali und grinste ziemlich frech dabei –
und alle grinsten mit.
Timotheus erklärte: „**Das Wichtigste zum Leben sind Brot und Wasser**, lehrt Weisheitslehrer Jesus Sirach“ (Sir 29,21) und setzte hinzu: „Wasser ist doch eine wunderbare Gabe Gottes – und nicht nur auf der Straße von Jerusalem nach Cäsarea“.
Primus verkündete: „In Cäsarea aber trinke ich erst mal einen Kübel Wein – Der erhält mich am Leben.“
Timotheus: „Was uns am Leben erhält, kann uns auch krank machen, sagt Hippokrates, der griechische Arzt“ (460 v. Chr.).
Primus: „Ph! – du griechischer Weisheits-Uhu! Ich saufe trotzdem,
das steht mir bei diesem Durst zu!“
Darauf Stephanus: „Ich trinke mit. Ist doch auch der Psalmist überzeugt: **Wein, der das Herz des Menschen erfreut“** (Ps 104,15) dürfen wir uns durchaus gönnen – natürlich in Maßen“. Alle stimmten zu.
Nun stellte Primus klar: „Für diese Einigkeit gebe ich den Wein-Kübel für euch mit aus!“ Alle schrien: „Bravissimo!“
Primus weiter: „Zunächst aber nur mit Wasser. Prosit!“
„Prosit!“ schallte es zurück und der Krug leerte sich.

Dieser Tag war für alle sehr vergnüglich. Jeder konnte tun und sagen, was er wollte. Drei tobten im offenen Meer, Primus fronte seinen grausamen Gelüsten.

Letztlich tauchte er aber auch bei den Badenden auf, die ihm dafür eine „spezielle Taufe" verabreichten.

Ziemlich müde fuhr gegen Abend das Kleeblatt zurück nach Jerusalem, wozu Stephanus drängelte, denn freitags mit Sonnenuntergang beginnt für Juden der Sabbat, den Stephanus wie immer würdig begehen wollte.

Die traditionelle jüdische Sabbatfeier beginnt Freitagabend, wenn man einen schwarzen Faden und einen blauen nicht mehr voneinander unterscheiden kann.

Zu Hause versammelt sich die Familie und spricht den Sabbatsegen (Kiddusch) und setzt sich dann an den Familientisch zu einem köstlichen Festmahl.

Am Samstagmorgen findet in der Synagoge dann die festliche Tora-Prozession statt, gefolgt von Schriftlesungen, Gebeten und Gesängen.

Daheim folgen mittags weitere Schriftlesungen und das Mincha-Gebet, abends beim Schein der Hawdala-Kerze, der Weinsegen wie schon beim abendlichen Festmahl und schließlich der gegenseitige Wunsch für eine ´Gute Woche`.

Die Familie erwartete Stephanus bereits. Der Tisch war schon gedeckt.

So konnte nun auch in der Familie des Stephanus der Sabbat einziehen.

+++

Nach dem Festmahl griff Stephanus wieder nach seinen Blättern und setzte sich in eine stille Ecke. Er suchte seinen Propheten Amos, der ihn in besonderer Weise ansprach. Stephanus wollte herausfinden, warum ihm dieser Prophet wie für ihn bestimmt erschien – als hätten sie sich lange schon gesucht und gefunden.

Wir wissen kaum etwas über die Lebensdaten des Stephanus – l lediglich dass er im frühen 1. Jahrhundert n.Chr. wohl in der Nähe Jerusalems lebte und Umgang mit den Aposteln hatte. Wir wissen mehr über seinen geschätzten Propheten Amos. Er war von Haus aus ein Viehzüchter und züchtete auch Maulbeerfeigen in Tekoa - südlich von Betlehem. Er wurde durch göttliche Berufung um 760 v. Chr. als Prophet ins Nordreich Israels gesandt, wo er für kurze Zeit bis zu seiner Ausweisung am Reichsheiligtum von Bet-El wirkte. Die Hauptanklage dieses ältesten Schrift-Propheten richtete sich gegen die des Gottesvolkes unwürdigen Zustände im Staat, in der Verwaltung, im Gerichtswesen und in der Wirtschaft. Weil die oberen Schichten die Menschen niederer Herkunft und in ungesicherter sozialer Lage zu bloßen Objekten ihres Erwerbs-, Macht- und Genusstrebens herabwürdigen und so den Bund mit Gott brachen, mussten Propheten die Strafe Gottes ankündigen Eine nur auf den Kult beschränkte Verehrung Jahwes kann vor diesem

lebendigen Gott nicht bestehen.

Amos musste Strafen Gottes für das Volk Israel ausrichten. Jahwe ist ein Gott für die Menschen. Selbst die Völkerwelt um Israel verfällt wegen Missachtung der fundamentalsten Menschenrechte dem Strafgericht Gottes.

Amos kündigt einen »Tag des Herrn« an, der »Finsternis bringen wird und nicht Licht«. Höchstens ein Rest des Gottesvolkes kann gerettet werden, muss aber zunächst auch das Gottesgericht bestehen.

Stephanus war vertraut mit der Geschichte seines jüdischen Volkes, in der sich die Botschaft des Amos immer wieder aufs Neue bestätigte. Mit Grauen las er an diesem Sabbat die ersten beiden Kapitel bei Amos:

Der Herr brüllt vom Zion her,
aus Jerusalem lässt er seine Stimme erschallen.
Da welken die Auen der Hirten
und der Gipfel des Karmel verdorrt.
So spricht der Herr: Wegen der drei Verbrechen, die Damaskus beging,
wegen der vier nehme ich es nicht zurück:
Weil sie Gilead mit eisernen Dreschschlitten zermalmten,
darum schicke ich Feuer gegen Hasaëls Haus;
es frisst Ben-Hadads Paläste.
Ich zerbreche die Riegel von Damaskus,
ich vernichte den Herrscher von Bikat-Awen
und den Zepterträger von Bet-Eden;
das Volk von Aram muss in die Verbannung nach Kir.
So spricht der Herr: Wegen der drei Verbrechen, die Gaza beging,
wegen der vier nehme ich es nicht zurück: Weil sie ganze Gebiete entvölkerten, um die Verschleppten an Edom auszuliefern,
darum schicke ich Feuer in Gazas Mauern; es frisst seine Paläste.
Ich vernichte den Herrscher von Aschdod
und den Zepterträger von Aschkelon.
Dann wende ich meine Hand gegen Ekron und der Rest der Philister wird verschwinden, spricht der Herr (Am 1,3-15).

Stephanus weiß, das sind keine leeren Drohungen. Hier wird erinnert an konkrete Ereignisse, die jeder nachlesen kann auch bei Jesaias, Jeremias, Ezechiel, im 1. Buch der König, im 2. Buch der Chronik und bei weiteren Propheten. Diese Aufzählung setzt sich fort im 2. Kapitel des Amos.
Dieser lebendige Jahwe ist aktiv, während die heidnischen Götter dagegen völlig blass und passiv erscheinen wie schon der Psalmist beschreibt:
Die Götzen der Völker sind nur Silber und Gold,
ein Machwerk von Menschenhand.
Sie haben einen Mund und reden nicht, Augen und sehen nicht;
sie haben Ohren und hören nicht, eine Nase und riechen nicht;
mit ihren Händen können sie nicht greifen, mit den Füßen nicht gehen,
sie bringen keinen Laut hervor aus ihrer Kehle (Ps 115,4ff).

Dem folgt der gute Rat:
Israel, vertrau auf den Herrn! Er ist für euch Helfer und Schild (Ps 115,9), was Stephanus längst akzeptieren konnte.

Der Vater trat wieder einmal am Sabbatabend zu seinem ´Studiosus`
und fragte: „Nun, hast du etwas Neues entdeckt?“
Stephanus darauf: „Ich bin immer wieder aufs Neue entsetzt von Jahwes Gericht über die Völker bei Amos.“
Der Vater: „Nun ja, das könnte man ja als ernsthafter Jude noch irgendwie wegstecken. Aber beziehe das mal auf dein eigenes Leben, deine eigene Geschichte, deine eigene Denkart, deine jeweiligen Urteile…
Welches Gerichtsurteil erwartest du dann für dich?“

Stephanus erschrak, er brachte den Mund nicht mehr zu und stammelte:
„Um Gottes Willen!“
Der Vater strich ihm über den Kopf und verriet:
„Ich weiß, worum ich jeden Abend bete…“

Stephanus fand an diesem Abend neben seinem üblichen Abendgebet wieder einmal zu innigerem Beten - so ganz aus dem Herzen...
Er entdeckte sich versteckt im von Jahwe erwählten Gottesvolk, dass von diesen Strafen wohl bewahrt sei – wie er meinte. Doch nun hat Vater seinen Horizont mit seinem Hinweis beträchtlich erweitert...
Ihm fielen seine Freunde ein – Römer Primus und der Grieche Timotheus, – die ja auch irgendwie mit diesen Strafen betroffen sein dürften –
wohl auch er selbst und Levi...
Stephanus schloss seine Freunde in sein Beten ein.

Am nächsten Tag las Stephanus den Propheten Amos weiter.
Er erschrak, denn in der gleichen Art und Weise wie über die frevelhaften Völker spricht Jahwe durch Amos nun das Jüdische Gottesvolk an:

Wegen der drei Verbrechen, die Juda beging, wegen der vier nehme ich es nicht zurück: Weil sie die Weisung des Herrn missachteten und seine Gesetze nicht befolgten, weil sie sich irreführen ließen von ihren Lügengöttern, denen schon ihre Väter gefolgt sind, darum schicke ich Feuer gegen Juda; es frisst Jerusalems Paläste (Am 2,4f).

Das Urteil ist furchtbarer als die Urteile über die heidnischen Völker.
Jesaia findet noch deutlichere Worte für Anklage und Verurteilung Israels.
Stephanus fand das entsprechende Jesaia-Zitat:
Darum: Wie des Feuers Zunge die Stoppeln frisst
und wie das Heu in der Flamme zusammensinkt, so soll ihre Wurzel verfaulen und ihre Blüte wie Staub aufgewirbelt werden.
Denn sie haben die Weisung des Herrn der Heere von sich gewiesen
und über das Wort des Heiligen Israels gelästert Jes 5,24.

Juda verhält sich zunächst wie die Heiden:

Sie haben die Weisung des Herrn der Heere von sich gewiesen –

aber Judas Frevel sind weitaus größer:

Sie haben über das Wort des Heiligen Israels gelästert.

Stephanus entdeckte, selbst mit den besten Absichten verfällt man vor Jahwe der Sünde. Der Mensch ist schwach und kann nur durch Jahwe von der Sünde befreit werden, was alle Propheten zumindest andeuten, um letztlich vor IHM bestehen zu können.

Stephanus erinnerte sich an Stellen aus der Bibel: **Gott, du hast unsre Sünden vor dich hingestellt, unsere geheime Schuld in das Licht deines Angesichts (Vgl. Ps 90,8),** daraus resultiert die dringende Bitte im gleichen Psalm: **Herr, wende dich uns doch endlich zu!**

Hab Mitleid mit deinen Knechten! (Ps 90,13).

Die drei Jünglinge im Feuerofen – bei Daniel - sind auch überzeugt:

Wenn überhaupt jemand, so kann nur unser Gott, den wir verehren, uns erretten (Dan 3,17) wie auch Jesaia bestätigt: **Seht, das ist unser Gott, auf ihn haben wir unsere Hoffnung gesetzt (Jes 25,9).**

Am nächsten Tag kam Stephanus auf eine geniale Idee:

Er sollte mit seinen Freunden ein Paschamahl feiern und ihnen die Geschichte vom Auszug Israels aus Ägypten erzählen.

Die Diskussionen im Wagen auf dem Ausflug nach Cäsarea hatten ihm ja gezeigt, dass seine Freunde vieles nicht wussten aber durchaus aufgeschlossen waren für die tollen Ereignisse in der Glaubensgeschichte Israels.

Als Stephanus davon seiner Mutter erzählte, war sie sofort bereit, dafür mehr Essen für den nächsten Sabbat vorzubereiten.

Als Stephanus mit seinem jüngeren Freund Levi darüber tuschelte,

war dieser sofort bereit für das dazu gehörige ungesäuerte Brot zu sorgen als seinen Beitrag. Sehr erfreut sagten die Freunde zu und waren pünktlich am Abend des nächsten Sabbats zur Stelle.
Stephanus Familie begrüßte die Gäste und stellte des Lammfleisch und das Bitterkräuter-Gemüse auf den Tisch. Levi legte die von ihm selbst gebackenen Matzen dazu. Das Mahl konnte beginnen.
Der Hausvater brachte noch eine Flasche Israel-Wein auf den Tisch und goss für die Gäste und seine Familie ein. Der Weinsegen wurde gesprochen und der erste Becher genüsslich getrunken.
Dann zog die Familie sich zurück.
Nun waren die Freunde unter sich.

+++

Primus musste ein ganz großes Lob über den köstlichen Wein aussprechen. Der schmeckte völlig anders als der für ihn übliche römische Wein. Er schob seinen Becher an die Flasche heran und forderte somit ohne Worte weiteren Wein. Aber Stephanus erklärte:
„Bei einem Pascha-Mahl wird in verschiedenen Stufen gemeinsam getrunken in Dankbarkeit und Freude an Jahwe. Dann wird zunächst gespeist."
Jeder bekam seine Portion vom Fleisch und dem Gemüse. Von den Brot-Matzen konnte jeder nehmen so viel er wollte. Levi hatte gut vorgesorgt. Alles schmeckte vorzüglich.
Nach dem ersten Hunger durfte der zweite Becher getrunken werden.
Die Freunde tauschten sich aus über das köstliche Mahl und den Wein.
Dann aber erinnerte Stephanus an das Start-Ereignis dieses Mahles.
Er las aus der Bibel:

„Israel kam nach Ägypten. Da mehrte Gott sein Volk gewaltig,

machte es stärker als das Volk der Bedrücker.

Er wandelte ihren Sinn zum Hass gegen sein Volk,

sodass sie an seinen Knechten tückisch handelten.

Dann sandte er Mose, seinen Knecht,

und Aaron, den Gott sich erwählte.

Sie wirkten unter ihnen seine Zeichen.

Er sandte Finsternis, da wurde es dunkel.

Sie achteten nicht auf sein Wort.

Er verwandelte ihre Gewässer in Blut

und ließ ihre Fische sterben.

Ihr Land wimmelte von Fröschen

bis hinein in den Palast des Königs.

Er gebot, da kamen Schwärme von Fliegen

und von Stechmücken über das ganze Gebiet.

Er schickte ihnen Hagel statt Regen,

flammendes Feuer auf ihr Land.

Er zerschlug ihnen Weinstock und Feigenbaum

und knickte in ihrem Gebiet die Bäume um.

Er gebot, da kamen Schwärme von Grillen

und Wanderheuschrecken in gewaltiger Zahl.

Sie fraßen alles Grün in ihrem Land, sie fraßen die Frucht ihrer Felder.

Er erschlug im Land jede Erstgeburt,

die ganze Blüte der Jugend. (Vgl. Ps 105,23-37).

Stephanus:

„Endlich stimmte Pharao dem Auszug Israels zu.

Einen Tag vor dem Auszug befahl Gott dem Moses:

Sagt der ganzen Gemeinde Israel:

Jeder soll ein Lamm für seine Familie holen,

ein Lamm für jedes Haus.

Ist die Hausgemeinschaft für ein Lamm zu klein, so nehme er es zusammen mit dem Nachbarn, der seinem Haus am nächsten wohnt, nach der Anzahl der Personen. Bei der Aufteilung des Lammes müsst ihr berücksichtigen, wie viel der Einzelne essen kann.

Nur ein fehlerfreies, männliches, einjähriges Lamm darf es sein,

das Junge eines Schafes oder einer Ziege müsst ihr nehmen.

Gegen Abend soll die ganze versammelte Gemeinde Israel die Lämmer schlachten. Noch in der gleichen Nacht soll man das Fleisch essen. Über dem Feuer gebraten und zusammen mit ungesäuertem Brot und Bitterkräutern soll man es essen (Vgl. Ex 12,3-8).

Bei ihrem Auszug waren die Ägypter froh;

denn Schrecken vor ihnen hatte sie alle befallen.

Eine Wolke breitete er aus, um sie zu decken,

und Feuer, um die Nacht zu erleuchten.

Als sie Gott baten, schickte er Wachteln

und sättigte sie mit Brot vom Himmel.

Er öffnete den Felsen und Wasser entquoll ihm,

wie ein Strom floss es dahin in der Wüste.

Er führte sein Volk heraus in Freude, seine Erwählten in Jubel.

Er gab ihnen die Länder der Völker

und ließ sie den Besitz der Nationen gewinnen,

damit sie seine Satzungen hielten und seine Gebote befolgten.

Halleluja! (Vgl. Ps 105,38-45)".

„Halleluja!" antworteten die Freunde.

Nun lud Stephan zum weiteren Becher ein mit einem Matzen.

Danach forderte Primus: „Erzähle bitte weiter, Stephanus!"

Und Stephanus las weiter:

Als man dem König von Ägypten meldete, das Volk sei geflohen, änderten der Pharao und seine Diener ihre Meinung über das Volk und sagten:
Wie konnten wir nur Israel aus unserem Dienst entlassen!
Er ließ seinen Streitwagen anspannen und nahm seine Leute mit.
Sechshundert auserlesene Streitwagen nahm er mit und alle anderen Streitwagen der Ägypter und drei Mann auf jedem Wagen.
Der Herr verhärtete das Herz des Pharao, des Königs von Ägypten, sodass er den Israeliten nachjagte, während sie voll Zuversicht weiterzogen.
Die Ägypter jagten mit allen Pferden und Streitwagen des Pharao, mit seiner Reiterei und seiner Streitmacht hinter ihnen her und holten sie ein, als sie gerade am Meer lagerten.
Es war bei Pi-Hahirot vor Baal-Zefon.
Als der Pharao sich näherte, blickten die Israeliten auf und sahen plötzlich die Ägypter von hinten anrücken. Da erschraken die Israeliten sehr und schrien zum Herrn.
Zu Mose sagten sie: Gab es denn keine Gräber in Ägypten, dass du uns zum Sterben in die Wüste holst? Was hast du uns da angetan? Warum hast du uns aus Ägypten herausgeführt?
Haben wir dir in Ägypten nicht gleich gesagt: Lass uns in Ruhe! Wir wollen Sklaven der Ägypter bleiben; denn es ist für uns immer noch besser, Sklaven der Ägypter zu sein, als in der Wüste zu sterben.

Timotheus bemerkte: Senecar (+65 n.Chr.) hätte dazu gesagt: Nicht weil die Dinge unerreichbar sind, wagen wir sie nicht – weil wir sie nicht wagen, bleiben sie unerreichbar.
Stephanus: „Ein kluger Mann, dieser Senecar!

Mose aber sagte zum Volk: Fürchtet euch nicht! Bleibt stehen und schaut zu, wie der Herr euch heute rettet. Wie ihr die Ägypter heute seht, so seht ihr sie niemals wieder.
Der Herr kämpft für euch, ihr aber könnt ruhig abwarten".
Der Herr sprach zu Mose: Was schreist du zu mir?
Sag den Israeliten, sie sollen aufbrechen.
Und du heb deinen Stab hoch, streck deine Hand über das Meer und spalte es, damit die Israeliten auf trockenem Boden in das Meer hineinziehen können. Ich aber will das Herz der Ägypter verhärten, damit sie hinter ihnen hineinziehen. So will ich am Pharao und an seiner ganzen Streitmacht, an seinen Streitwagen und Reitern meine Herrlichkeit erweisen. Die Ägypter sollen erkennen, dass ich der Herr bin, wenn ich am Pharao, an seinen Streitwagen und Reitern meine Herrlichkeit erweise. Der Engel Gottes, der den Zug der Israeliten anführte, erhob sich und ging an das Ende des Zuges und die Wolkensäule vor ihnen erhob sich und trat an das Ende. Sie kam zwischen das Lager der Ägypter und das Lager der Israeliten. Die Wolke war da und Finsternis und Blitze erhellten die Nacht. So kamen sie die ganze Nacht einander nicht näher. Mose streckte seine Hand über das Meer aus und der Herr trieb die ganze Nacht das Meer durch einen starken Ostwind fort.
Er ließ das Meer austrocknen und das Wasser spaltete sich. Die Israeliten zogen auf trockenem Boden ins Meer hinein, während rechts und links von ihnen das Wasser wie eine Mauer stand. Die Ägypter setzten ihnen nach; alle Pferde des Pharao, seine Streitwagen und Reiter zogen hinter ihnen ins Meer hinein.
Um die Zeit der Morgenwache blickte der Herr aus der Feuer- und Wolkensäule auf das Lager der Ägypter und brachte es in Verwirrung. Er hemmte die Räder an ihren Wagen und ließ sie nur schwer

vorankommen. Da sagte der Ägypter: Ich muss vor Israel fliehen; denn Jahwe kämpft auf ihrer Seite gegen Ägypten.
Darauf sprach der Herr zu Mose: Streck deine Hand über das Meer, damit das Wasser zurückflutet und den Ägypter, seine Wagen und Reiter, zudeckt. Mose streckte seine Hand über das Meer und gegen Morgen flutete das Meer an seinen alten Platz zurück, während die Ägypter auf der Flucht ihm entgegenliefen. So trieb der Herr die Ägypter mitten ins Meer. Das Wasser kehrte zurück und bedeckte Wagen und Reiter, die ganze Streitmacht des Pharao, die den Israeliten ins Meer nachgezogen war. Nicht ein Einziger von ihnen blieb übrig.
Die Israeliten aber waren auf trockenem Boden mitten durch das Meer gezogen, während rechts und links von ihnen das Wasser wie eine Mauer stand.
So rettete der Herr an jenem Tag Israel aus der Hand der Ägypter. Israel sah die Ägypter tot am Strand liegen.
Als Israel sah, dass der Herr mit mächtiger Hand an den Ägyptern gehandelt hatte, fürchtete das Volk den Herrn. Sie glaubten an den Herrn und an Mose, seinen Knecht.
Damals sang Mose mit den Israeliten dem Herrn dieses Lied:
Ich singe dem Herrn ein Lied, denn er ist hoch und erhaben.
Rosse und Wagen warf er ins Meer. Meine Stärke und mein Lied ist der Herr, er ist für mich zum Retter geworden,
er ist mein Gott, ihn will ich preisen. (Vgl. Ex 14,10-15,2)

Jetzt wurde der dritte Becher getrunken.

Danach las Stephanus weiter:

Im dritten Monat nach dem Auszug der Israeliten aus Ägypten kamen sie in der Wüste Sinai an. Sie schlugen in der Wüste das Lager auf. Dort lagerte Israel gegenüber dem Berg.
Mose stieg zu Gott hinauf. Da rief ihm der Herr vom Berg her zu:

Das sollst du dem Haus Jakob sagen und den Israeliten verkünden: Ihr habt gesehen, was ich den Ägyptern angetan habe, wie ich euch auf Adlerflügeln getragen und hierher zu mir gebracht habe.
Jetzt aber, wenn ihr auf meine Stimme hört und meinen Bund haltet, werdet ihr unter allen Völkern mein besonderes Eigentum sein.
Mir gehört die ganze Erde. Ihr aber sollt mir als ein Reich von Priestern und als ein heiliges Volk gehören.
Das sind die Worte, die du den Israeliten mitteilen sollst.
Mose ging und rief die Ältesten des Volkes zusammen.
Er legte ihnen alles vor, was der Herr ihm aufgetragen hatte.
Das ganze Volk antwortete einstimmig und erklärte:
Alles, was der Herr gesagt hat, wollen wir tun.
Mose überbrachte dem Herrn die Antwort des Volkes.
Der Herr sprach zu Mose: Ich komme zu dir in einer dichten Wolke; das Volk soll es hören, wenn ich mit dir rede, damit sie auch an dich immer glauben. Da berichtete Mose dem Herrn, was das Volk gesagt hatte. Der Herr sprach zu Mose:
Geh zum Volk! Ordne an, dass sie sich heute und morgen heilig halten und ihre Kleider waschen. Sie sollen sich für den dritten Tag bereithalten.
Am dritten Tag nämlich wird der Herr vor den Augen des ganzen Volkes auf den Berg Sinai herabsteigen.
Zieh um das Volk eine Grenze und sag: Hütet euch, auf den Berg zu steigen oder auch nur seinen Fuß zu berühren.
Erst wenn das Horn ertönt, dürfen sie auf den Berg steigen.
Mose stieg vom Berg zum Volk hinunter und ordnete an, das Volk solle sich heilig halten und seine Kleider waschen.
Er sagte zum Volk: Haltet euch für den dritten Tag bereit!

Am dritten Tag, im Morgengrauen, begann es zu donnern und zu blitzen. Schwere Wolken lagen über dem Berg und gewaltiger Hörnerschall erklang. Das ganze Volk im Lager begann zu zittern.
Mose führte es aus dem Lager hinaus Gott entgegen.
Unten am Berg blieben sie stehen.

Der ganze Sinai war in Rauch gehüllt, denn der Herr war im Feuer auf ihn herabgestiegen. Der Rauch stieg vom Berg auf wie Rauch aus einem Schmelzofen. Der ganze Berg bebte gewaltig und der Hörnerschall wurde immer lauter. Mose redete und Gott antwortete im Donner. Der Herr war auf den Sinai, auf den Gipfel des Berges, herabgestiegen. Er hatte Mose zu sich auf den Gipfel des Berges gerufen und Mose war hinaufgestiegen. Da sprach der Herr zu Mose:
Geh hinunter und schärf dem Volk ein, sie sollen nicht neugierig sein und nicht versuchen, zum Herrn vorzudringen; sonst müssten viele von ihnen umkommen. Auch die Priester, die sich dem Herrn nähern, müssen sich geheiligt haben, damit der Herr in ihre Reihen keine Bresche reißt.

Mose entgegnete dem Herrn:
Das Volk kann nicht auf den Sinai steigen.
Denn du selbst hast uns eingeschärft:
Zieh eine Grenze um den Berg und erklär ihn für heilig!
Doch der Herr sprach zu ihm:
Geh hinunter und komm zusammen mit Aaron wieder herauf!
Die Priester aber und das Volk sollen nicht versuchen hinaufzusteigen und zum Herrn vorzudringen,
sonst reißt er in ihre Reihen eine Bresche.
Da ging Mose zum Volk hinunter und sagte es ihnen.

Dann sprach Gott alle diese Worte:

Ich bin Jahwe, dein Gott, der dich aus Ägypten geführt hat, aus dem Sklavenhaus.

Du sollst neben mir keine anderen Götter haben.

Du sollst dir kein Gottesbild machen und keine Darstellung von irgendetwas am Himmel droben, auf der Erde unten oder im Wasser unter der Erde.

Du sollst dich nicht vor anderen Göttern niederwerfen und dich nicht verpflichten, ihnen zu dienen. Denn ich, der Herr, dein Gott, bin ein eifersüchtiger Gott: Bei denen, die mir Feind sind, verfolge ich die Schuld der Väter an den Söhnen, an der dritten und vierten Generation; bei denen, die mich lieben und auf meine Gebote achten, erweise ich Tausenden meine Huld.

Du sollst den Namen des Herrn, deines Gottes, nicht missbrauchen; denn der Herr lässt den nicht ungestraft, der seinen Namen missbraucht.

Gedenke des Sabbats: Halte ihn heilig!

Sechs Tage darfst du schaffen und jede Arbeit tun.

Der siebte Tag ist ein Ruhetag, dem Herrn, deinem Gott, geweiht. An ihm darfst du keine Arbeit tun: du, dein Sohn und deine Tochter, dein Sklave und deine Sklavin, dein Vieh und der Fremde, der in deinen Stadtbereichen Wohnrecht hat.

Denn in sechs Tagen hat der Herr Himmel, Erde und Meer gemacht und alles, was dazugehört; am siebten Tag ruhte er. Darum hat der Herr den Sabbattag gesegnet und ihn für heilig erklärt.

Ehre deinen Vater und deine Mutter, damit du lange lebst in dem Land, das der Herr, dein Gott, dir gibt.

Du sollst nicht morden.

Du sollst nicht die Ehe brechen.

Du sollst nicht stehlen.

Du sollst nicht falsch gegen deinen Nächsten aussagen.

Du sollst nicht nach dem Haus deines Nächsten verlangen.

Du sollst nicht nach der Frau deines Nächsten verlangen, nach seinem Sklaven oder seiner Sklavin, seinem Rind oder seinem Esel oder nach irgendetwas, das deinem Nächsten gehört.

Das ganze Volk erlebte, wie es donnerte und blitzte,
wie Hörner erklangen und der Berg rauchte.
Da bekam das Volk Angst, es zitterte und hielt sich in der Ferne.
Sie sagten zu Mose: Rede du mit uns, dann wollen wir hören.
Gott soll nicht mit uns reden, sonst sterben wir vor Angst.
Da sagte Mose zum Volk: Fürchtet euch nicht! Gott ist gekommen, um euch auf die Probe zu stellen. Die Furcht vor ihm soll über euch kommen, damit ihr nicht sündigt. Das Volk hielt sich in der Ferne und Mose näherte sich der dunklen Wolke, in der Gott war.
(Vgl. Ex 20,1-21).

Nun holte Stephanus einen Krug Wasser, mit dem er alle Becher füllte und „veredelte“ das Wasser in den Bechern mit dem letzten Rest aus der Weinflasche. Damit war auch Primus sehr zufrieden.
Die Freunde saßen noch ein Weilchen still und nachdenklich beieinander.
Dann stellte Primus fest:
„Ihr Juden wart nie eine Weltmacht und werdet wohl nie eine sein,
aber vor eurem Jahwe-Gott sollte man größten Respekt haben.
Warum hat der sich bloß so ein mickriges und zänkisches Völkchen wie euch ausgesucht, für das er der Schutzgott sein wollte?“
Stephanus: „Ja, das verstehen wir auch nicht.

Aber bei Moses erfahren wir: **Weil ER deine Väter lieb gewonnen hatte, hat er alle Nachkommen eines jeden von ihnen erwählt und uns dann in eigener Person durch seine große Kraft aus Ägypten geführt"**
(Vgl. Dtn 4,37) – ein Geheimnis der rätselhaften Liebe Gottes".
Primus: „Warum aber pfuscht ihr eurem Gott mit seinen guten Plänen für euch immer wieder dazwischen?"
Darauf fragte Levi:
„Hätte Er euch Römer erwählt, wäre es bei euch besser gelaufen?"
Stille – aber alle grinsten…
Zu all dem erinnerte sich Stephanus plötzlich:
„Eine für uns alle wunderbare Antwort habe ich in den heiligen Texten des ersten Königsbuches gefunden:
Möge Jahwe seinem Volk Israel Recht verschaffen, damit alle Völker der Erde erkennen, dass niemand Gott ist als der Herr allein
(Vgl. 1 Kön 8,59f); und im Buch Tobit: **Von weither werden die Völker kommen, um den Namen des Herrn, unseres Gottes, zu preisen.**
Alle Menschen jubeln dir zu (Vgl. Tobit 13,13).
„Das lässt ja aufatmen…" bemerkte darauf Primus.
„Und noch ein Gotteswort vom Propheten Jesaia" bot Stephanus an:
An jenem Tag werdet ihr sagen:
Dankt dem Herrn! Ruft seinen Namen an!
Macht seine Taten unter den Völkern bekannt,
verkündet: Sein Name ist groß und erhaben!
Preist den Herrn; denn herrliche Taten hat er vollbracht;
auf der ganzen Erde soll man es wissen.
Jauchzt und jubelt, ihr Bewohner von Zion;
denn groß ist in eurer Mitte der Heilige (Vgl. Jes 12,4-6).
„Das dürfte ja wohl ein Angebot sein für alle Menschen guten Willens", bemerkte Timotheus.

Die Freunde erklärten nun, dass dieser Abend ein wunderbares Geschenk für sie war mit aufrichtigem Dank und verabschiedeten sich.

+++

Stephanus trat sehr glücklich auf die Veranda. Dort saß sein Vater.
Er lud Stephanus ein, sich zu ihm zu setzen, was dieser gern befolgte.
Der Vater erklärte: „Ich habe dich wohl sehr erschreckt bei unserem letzten Gespräch mein Sohn, das tut mir leid"…
Stephanus fällt ihm ins Wort:
„Nicht doch, Vater. Dein Hinweis, dass wir beim Lesen in der Bibel immer auch selbst gemeint sind, war ungeheuer wichtig für mich.
Freilich bin ich erschrocken darüber, aber das war wohl notwendig.
Denn: **Wohl dem Mann, der nicht dem Rat der Frevler folgt, nicht auf dem Weg der Sünder geht, nicht im Kreis der Spötter sitzt, sondern Freude hat an der Weisung des Herrn, über seine Weisung nachsinnt bei Tag und bei Nacht (Ps 1,1f)".**
Darauf der Vater: „Ganz recht, mein Lieber.
Heute allerdings – ich wollte euch nicht belauschen – aber zu dem, was ich von hier aus mitbekommen habe, muss ich sagen:
Du hast vor deinen Freunden ein wunderbares Zeugnis abgelegt für Jahwe und seine Offenheit für alle Menschen. Ich bin stolz auf dich",
umarmte ihn und zog sich zurück.

Als Stephanus seine wertvollen Blätter aufräumte, fiel sein Blick auf eine Schriftstelle der letzten Seite bei Amos, die ihn ganz besonders erfreute: **An jenem Tag richte ich die zerfallene Hütte Davids wieder auf und bessere ihre Risse aus, ich richte ihre Trümmer auf und stelle alles wieder her wie in den Tagen der Vorzeit (Am 11,1f).**
Ja, so ist Jahwe. Er fordert nicht nur, er ist voller Überraschungen:

Er verheißt, er heilt, er lädt ein – auch wenn sein Volk ihn immer wieder enttäuscht, was sogar dem Heiden Primus aufgefallen ist.
Sein Lieblingsprophet Amos musste also nicht nur furchtbare Drohungen und beängstigende Mahnungen dem Volk Israel ausrichten, er durfte trotz allem auch diese handfeste Verheißung Jahwes verkünden.
Wie aber soll man das verstehen? – Hier hilft der Psalmist weiter:
Zeige mir, Herr, deine Wege, lehre mich deine Pfade!
Führe mich in deiner Treue und lehre mich;
denn du bist der Gott meines Heiles. Auf dich hoffe ich allezeit.
Denk an dein Erbarmen, Herr, und an die Taten deiner Huld;
denn sie bestehen seit Ewigkeit (Ps 25,4ff.).

+++

Eines Tages trieb es Stephanus ohne irgendwelche Verpflichtungen in den Tempel. Er bestaunte die Sanierungsarbeiten des Königs Herodes, die gut vorangekommen waren. Sollten die Leistungen dieses fragwürdigen Königs etwa ein Teil der Erfüllung der Verheißung des Amos sein?
Den ließ Jahwe ja verkünden: **An jenem Tag richte ich die zerfallene Hütte Davids wieder auf …? (Am 11,1f) .**
Stephanus betrat den Tempelbezirk und erlebte dort etwas ganz Außergewöhnliches: **Petrus und Johannes kamen zum Gebet in den Tempel. Da wurde ein Mann herbeigetragen, der von Geburt an gelähmt war. Man setzte ihn täglich an das Tor des Tempels, das man ´die Schöne Pforte` nennt; dort sollte er bei denen, die in den Tempel gingen, um Almosen betteln.**
Als er nun die beiden Apostel in den Tempel gehen sah, bat er sie um ein Almosen. Petrus und Johannes blickten ihn an und Petrus sagte: Sieh uns an! Da wandte er sich ihnen zu und erwartete, etwas von ihnen zu bekommen. Petrus aber sagte:

Silber und Gold besitze ich nicht. Doch was ich habe, das gebe ich dir: Im Namen Jesu Christi, des Nazaräers, geh umher!
Und er fasste ihn an der rechten Hand und richtete ihn auf.
Sogleich kam Kraft in seine Füße und Gelenke; er sprang auf, konnte stehen und ging umher. Dann ging er mit ihnen in den Tempel,
lief und sprang umher und lobte Gott.
Alle Leute sahen ihn umhergehen und Gott loben.
Sie erkannten ihn als den, der gewöhnlich an der Schönen Pforte des Tempels saß und bettelte. Und sie waren voll Verwunderung und staunen über das, was mit ihm geschehen war.
Da er sich Petrus und Johannes anschloss, lief das ganze Volk bei ihnen in der sogenannten Halle Salomos zusammen, außer sich vor Staunen.
Als Petrus das sah, wandte er sich an das Volk: Israeliten, was wundert ihr euch darüber? Was starrt ihr uns an, als hätten wir aus eigener Kraft oder Frömmigkeit bewirkt, dass dieser gehen kann?
Der Gott Abrahams, Isaaks und Jakobs, der Gott unserer Väter, hat seinen Knecht Jesus verherrlicht, den ihr verraten und vor Pilatus verleugnet habt, obwohl dieser entschieden hatte, ihn freizulassen.
Ihr aber habt den Heiligen und Gerechten verleugnet und die Freilassung eines Mörders gefordert.
Den Urheber des Lebens habt ihr getötet, aber Gott hat ihn von den Toten auferweckt. Dafür sind wir Zeugen.
Und weil er an seinen Namen geglaubt hat, hat dieser Name den Mann hier, den ihr seht und kennt, zu Kräften gebracht.
Der Glaube, der durch IHN kommt, hat ihm vor euer aller Augen die volle Gesundheit geschenkt.

Nun, Brüder, ich weiß, ihr habt aus Unwissenheit gehandelt, ebenso wie eure Führer.
Gott aber hat auf diese Weise erfüllt, was er durch den Mund aller Propheten im Voraus verkündigt hat: dass sein Messias leiden werde.
Also kehrt um und tut Buße, damit eure Sünden getilgt werden
und der Herr Zeiten des Aufatmens kommen lässt und Jesus sendet als den für euch bestimmten Messias. Mose hat gesagt: Einen Propheten wie mich wird euch der Herr, euer Gott, aus euren Brüdern erwecken. Auf ihn sollt ihr hören in allem, was er euch sagt. Für euch zuerst hat Gott seinen Knecht erweckt und gesandt, damit er euch segnet und jeden von seiner Bosheit abbringt.
(Vgl. Apg 3,1-26).

Stephanus erinnerte sich:
Der Herr wird ihn als Erfüllung von allem erstehen lassen, worum du am Horeb den Herrn, deinen Gott, gebeten hast, als du sagtest: Ich kann die donnernde Stimme des Herrn, meines Gottes, nicht noch einmal hören und dieses große Feuer nicht noch einmal sehen, ohne dass ich sterbe.
Damals sagte der Herr zu Moses: Was sie von dir verlangen, ist recht .Einen Propheten wie dich will ich ihnen mitten unter ihren Brüdern erstehen lassen. Ich will ihm meine Worte in den Mund legen und er wird ihnen alles sagen, was ich ihm auftrage. (Vgl. Dtn 18,15-18).

Und auch alle Propheten von Samuel an und alle, die später auftraten, haben diese Tage angekündigt. Ihr seid die Söhne der Propheten und des Bundes, den Gott mit euren Vätern geschlossen hat, als er zu Abraham sagte: Durch deinen Nachkommen sollen alle Geschlechter der Erde Segen erlangen (s. Gen 12,3). (s. Apg 3,24f).

Während sie zum Volk redeten, traten die Priester, der Tempelhauptmann und die Sadduzäer zu ihnen. Sie waren aufgebracht, weil die Apostel das Volk lehrten und in Jesus die Auferstehung von den Toten verkündeten. Sie nahmen sie fest und hielten sie bis zum nächsten Morgen in Haft (Vgl. Apg 3,1-4,3).

Stephanus erschrak und war entsetzt, fand aber vor beglückendem Staunen keine Worte, aber er ahnte: Hier handelt Jahwe!

+++

Doch einige Fragen blieben für Stephanus offen.

Dieser König Herodes mit seiner Tempelsanierung kann wohl nicht der Erfüller der Verheißung des Amos sein: **Jahwe wird an jenem Tag die zerfallene Hütte Davids wieder aufrichten (Vgl. Am 9,11).**
Nach dem heutigen Geschehen im Tempel bahnt sich Größeres an.
Vielleicht hat sich Jahwe diese schlichten Fischer aus Galiläa tatsächlich erwählt, ein erneuertes Gottesvolk zu sammeln, was bereits dieser Petrus hier im Tempel ohne jede Furcht und Feigheit versuchte.
Er wurde ja sogar aggressiv in seiner Predigt an das Volk:
Der Gott Abrahams, Isaaks und Jakobs, der Gott unserer Väter, hat seinen Knecht Jesus verherrlicht, den ihr verraten und vor Pilatus verleugnet habt, obwohl dieser entschieden hatte, ihn freizulassen.
Ihr aber habt den Heiligen und Gerechten verleugnet und die Freilassung eines Mörders gefordert… (Vgl. Apg 3,13f).
Dieser Petrus ist ja noch weit deutlicher als der Prophet Amos!

Und wer ist dieser rätselhafte Zimmermann aus Nazareth, den man hier in Jerusalem gekreuzigt hat? – Kann der diese beiden Apostel, die jetzt im Gefängnis sitzen, beschützen oder gar befreien? -

Und ein von Gott Verfluchter, der am Pfahl hing und starb, wie sollte der auferstehen von den Toten? – Unfassbar!

Aber warum ist er verurteilt worden?

Pilatus hatte entschieden, ihn freizulassen.

Den Urheber des Lebens habt ihr getötet, aber Gott hat ihn von den Toten auferweckt. Dafür sind wir Zeugen…(Vgl. Apg 3,13b-15).

Wer unschuldig hingerichtet wird, warum sollte Jahwe ihn verfluchen? – Ja, auch unser jüdisches Gesetz lässt Fragen offen…

Was ihn aber am tiefsten berührt hat:

Petrus verurteile trotz des unfairen Auftretens vor Pilatus und der unbegründeten Todesforderung niemanden, sondern lädt ein, die Versöhnung durch diesen Jesus anzunehmen:

Nun, Brüder, ich weiß, ihr habt aus Unwissenheit gehandelt, ebenso wie eure Führer. Gott aber hat auf diese Weise erfüllt, was er durch den Mund aller Propheten im Voraus verkündigt hat:

dass sein Messias leiden werde.

Also kehrt um und tut Buße, damit eure Sünden getilgt werden

und der Herr Zeiten des Aufatmens kommen lässt und Jesus sendet als den für euch bestimmten Messias (Vgl. Apg 3,17-20).

Langsam und gedankenschwer mit vielen Fragen ging Stephanus nach Hause.

Am anderen Morgen versammelten sich die Führer sowie die Ältesten und die Schriftgelehrten in Jerusalem. Dazu Hannas, der Hohepriester, Kajaphas, Johannes, Alexander und alle, die aus dem Geschlecht der Hohenpriester stammten.

Sie stellten die beiden in die Mitte und fragten sie:

Mit welcher Kraft oder in wessen Namen habt ihr das getan?

Da sagte Petrus zu ihnen, erfüllt vom Heiligen Geist:
Ihr Führer des Volkes und ihr Ältesten!
Wenn wir heute wegen einer guten Tat an einem kranken Menschen darüber vernommen werden, durch wen er geheilt worden ist,
so sollt ihr alle und das ganze Volk Israel wissen: im Namen Jesu Christi, des Nazoräers, den ihr gekreuzigt habt und den Gott von den Toten auferweckt hat. Durch ihn steht dieser Mann gesund vor euch.
Er (Jesus) ist der Stein, der von euch Bauleuten verworfen wurde, der aber zum Eckstein geworden ist (s. Ps 118,22).
Und in keinem anderen ist das Heil zu finden. Denn es ist uns Menschen kein anderer Name unter dem Himmel gegeben, durch den wir gerettet werden sollen.
Als sie den Freimut des Petrus und des Johannes sahen und merkten, dass es ungelehrte und einfache Leute waren, wunderten sie sich. Sie erkannten sie als Jünger Jesu, sahen aber auch, dass der Geheilte bei ihnen stand; so konnten sie nichts dagegen sagen.
Sie befahlen ihnen, den Hohen Rat zu verlassen; dann berieten sie miteinander und sagten: Was sollen wir mit diesen Leuten anfangen?
Dass offensichtlich ein Wunder durch sie geschehen ist, ist allen Einwohnern von Jerusalem bekannt; wir können es nicht abstreiten.
Damit aber die Sache nicht weiter im Volk verbreitet wird, wollen wir ihnen bei Strafe verbieten, je wieder in diesem Namen zu irgendeinem Menschen zu sprechen. Viele aber, die das Wort gehört hatten, wurden gläubig; und die Zahl der Männer stieg auf etwa fünftausend
Und sie riefen sie herein und verboten ihnen, jemals wieder im Namen Jesu zu predigen und zu lehren.
Doch Petrus und Johannes antworteten ihnen: Ob es vor Gott recht ist, mehr auf euch zu hören als auf Gott, das entscheidet selbst.
Wir können unmöglich schweigen über das, was wir gesehen und gehört haben. Jene aber drohten ihnen noch mehr und ließen sie dann gehen,

denn sie sahen keine Möglichkeit, sie zu bestrafen, mit Rücksicht auf das Volk, da alle Gott wegen des Geschehenen priesen. (Vgl.Apg 4,5-21). Das sprach sich herum in Jerusalem, zumal viele, die das Wort des Petrus gehört hatten, gläubig wurden; **die Zahl der Männer stieg auf etwa fünftausend (Vgl. Apg 4,4).**

+++

In diesen Tagen lief Stephanus wieder zum Tempel mit der Hoffnung, Apostel zu treffen.

Viele Leute verteilten sich auf dem gesamten Tempelbezirk und beteten, meditierten, diskutierten oder waren in sehr munteren Gesprächen engagiert. Stephanus setzte sich auf eine Stufe vor dem Tempel und hielt seine Augen und Ohren nach allen Seiten offen.

Plötzlich entdeckte er seinen Freund Timotheus im Gespräch mit anderen Jugendlichen. Stephanus sprang auf und lief zu diesem Kreis und stellte sich ins Blickfeld seines Freundes. Sie strahlten sich sehr bald an und lösten sich von diesem Gesprächskreis, was niemanden störte.

„Was machst du denn hier?“ fragte Timotheus.

„Was für eine Frage! Was tut wohl ein gläubiger Jude hier im Tempelbezirk?“ fragte Stephanus zurück.

„Gute Gegenfrage. Aber heute treibt dich etwas…“, ahnte Timotheus.

„Stimmt“, bestätigte Stephanus.

„Warst du gestern auch hier?“, vermutete Timotheus.

„Oh, ja“, erklärte Stephanus, „und deshalb fühle ich mich entschärft, verunsichert, aber auch unfassbar beschenkt…“.

„Aha, und nun brauchst du einige Auskünfte…“ riet Timotheus.

Stephanus nickte nur.

„Dann komm mit“ forderte Timotheus ihn auf.

Sie eilten hinab in die Altstadt und fanden sich in einer engen Gasse vor der verschlossenen Haustür eines unauffälligen Wohnhauses ein. Timotheus klopfte an.

Ein fragendes Ja ertönte von drinnen. Timotheus antwortete mit einer Parole – „Kyrie eleison!“ Die Tür öffnete sich.

Der Freund zog Stephanus hinein in dieses Haus.

Drinnen ging es sehr lebhaft zu. Die beiden wurden von allen Seiten begrüßt und Stephanus sorgfältig gemustert. Timotheus verkündete:

„Ich habe meinen Freund mitgebracht, der gestern im Tempel einiges erlebt hat und nun interessiert ist. Er ist ein sehr offener Jude.“

Das genügte. Die forschenden und skeptischen Blicke wurden nun recht freundlich.

Man rief zu Tisch, womit Stephanus nicht gerechnet hatte. Er wurde im Gedränge einfach mit an den großen Tisch genötigt und ein Platz wurde ihm angeboten. Timotheus setzte sich neben ihn.

Stephanus fragte ihn:

„Was passiert jetzt?“

„Es wird dir sehr gefallen“, verhieß Timotheus.

Da erschien Petrus.

Er begrüßte alle Anwesenden mit freundlichen Worten.

Alle riefen nun dreimal die Parole ´Kyrie eleison` und baten somit Gott, der ja schon durch Amos Israel seine Sünden vorgeworfen hat (s. Am 5,12) um Verzeihung, die hier nach den zuversichtlichen Worten des Petrus durch diesen Jesus Christus gewährt wird.

Was für ein Geschenk!

Danach sehnte sich ja Israel seit Jahrtausenden, was die Bibel an vielen Stellen bezeugt. Und dieser Gekreuzigte schenkt Erlösung von aller Sündenschuld – einfach so! Das ist ja nicht zu fassen! –

Aber hat nicht schon Jesaia verheißen dürfen:

Ich fege deine Vergehen hinweg wie eine Wolke und deine Sünden wie Nebel. Kehr um zu mir; denn ich erlöse dich! (Jes 44,22).

Nun predigte Petrus – ausgehend von dieser prophetischen Aussage - aber er begann mit einem Lobspruch:

Gepriesen sei der Gott und Vater unseres Herrn Jesus Christus:

Er hat uns in seinem großen Erbarmen neu geboren, damit wir durch die Auferstehung Jesu Christi von den Toten eine lebendige Hoffnung haben und das unzerstörbare, makellose und unvergängliche Erbe empfangen, das im Himmel für euch aufbewahrt ist.

Gottes Macht behütet euch durch den Glauben, damit ihr das Heil erlangt, das am Ende der Zeit offenbart werden soll (1 Petr 1,4ff).

Was für eine große Verheißung!

Stephanus ´versank` gleichsam in diesem Satz wie in einem Ozean.

Petrus: **Deshalb seid ihr voll Freude, obwohl ihr jetzt vielleicht kurze Zeit unter mancherlei Prüfungen leiden müsst.**

Dadurch soll sich euer Glaube bewähren und es wird sich zeigen, dass er wertvoller ist als Gold, das im Feuer geprüft wurde und doch vergänglich ist. So wird (eurem Glauben) Lob, Herrlichkeit und Ehre zuteil bei der Offenbarung Jesu Christi.

Ihn habt ihr nicht gesehen und dennoch liebt ihr ihn; ihr seht ihn auch jetzt nicht; aber ihr glaubt an ihn und jubelt in unsagbarer, von himmlischer Herrlichkeit verklärter Freude, da ihr das Ziel des Glaubens erreichen werdet: euer Heil.

Nach diesem Heil haben die Propheten gesucht und geforscht und sie haben über die Gnade geweissagt, die für euch bestimmt ist.

(1 Petr 1,6-10).

Stephanus strahlte über diese Verheißung, an der ja seine geliebten Propheten schon mitgewirkt haben.

Petrus:

Deshalb umgürtet euch und macht euch bereit! Seid nüchtern und setzt eure Hoffnung ganz auf die Gnade, die euch bei der Offenbarung Jesu Christi geschenkt wird.

Seid gehorsame Kinder und lasst euch nicht mehr von euren Begierden treiben wie früher, in der Zeit eurer Unwissenheit.

Wie er, der euch berufen hat, heilig ist,

so soll auch euer ganzes Leben heilig werden (1 Petr 1,13-15).

Eine klare und deutliche Richtung, die hier vorgegeben wird,

erkannte Stephanus sehr erfreut.

Petrus:

Kommt zu ihm, dem lebendigen Stein, der von den Menschen verworfen, aber von Gott auserwählt und geehrt worden ist.

Lasst euch als lebendige Steine zu einem geistigen Haus aufbauen, zu einer heiligen Priesterschaft, um durch Jesus Christus geistige Opfer darzubringen, die Gott gefallen.

Ihr aber seid ein auserwähltes Geschlecht, eine königliche Priesterschaft, ein heiliger Stamm, ein Volk, das sein besonderes Eigentum wurde, damit ihr die großen Taten dessen verkündet, der euch aus der Finsternis in sein wunderbares Licht gerufen hat.

Einst wart ihr nicht sein Volk, jetzt aber seid ihr Gottes Volk; einst gab es für euch kein Erbarmen, jetzt aber habt ihr Erbarmen gefunden (Vgl. 1 Petr 2,4-10).

Stephanus erstaunte diese hohe Berufung. Sie erschien ihm unfassbar,

war aber sehr konkret.

In einem Bitt- und Segensgebet wurde nun das Brot gebrochen und der Wein gesegnet für die vielen und schließlich herumgereicht. Das war wohl das Abendmahl vor Jesu Leiden und Sterben, das nun zu jedem christlichen Gottesdienst gehört. Stephanus hielt sich zurück –

er hatte noch viele Fragen zu diesem heiligen Geschehen.
Danach sang die Gemeinde ein Lied als Lob und Dank ihres Christus.

ER war Gott gleich,
hielt aber nicht daran fest, wie Gott zu sein,
sondern er entäußerte sich /
wurde wie ein Sklave und den Menschen gleich.

Sein Leben war das eines Menschen;
er erniedrigte sich /
und war gehorsam bis zum Tod, /
bis zum Tod am Kreuz.

Darum hat ihn Gott
über alle erhöht /
und ihm den Namen verliehen, /
der größer ist als alle Namen,

damit alle im Himmel, auf der Erde und unter der Erde /
ihre Knie beugen vor dem Namen Jesu
und jeder Mund bekennt: «Jesus Christus ist der Herr» -
zur Ehre Gottes, des Vaters (Phil 2,6-11).

Abschließend betete Petrus:

Jahwe, unser Herr und Gott!
Du hast uns deinen Sohn gesandt, den Messias und unseren Erlöser,
weil dir an uns liegt.
Wir bitten dich, lass uns deine unermessliche Liebe zu uns erfahren,

deine Gebote anerkennen und befolgen und den Weg zu dir nie verlassen, damit wir das Ziel, das du uns gewiesen hast durch deine Verheißungen erreichen und im ewigen Leben durch deine Gnade bei dir genießen können. Du lebst und herrschest in Ewigkeit.
Alle bestätigen dieses Gebet: **Amen.**

Dann sang man noch ein Dankeslied, währenddessen der Tisch gedeckt wurde für das gemeinsame Abendessen.
Stephanus empfand:
Die Gemeinde der Gläubigen war ein Herz und eine Seele.
Keiner nannte etwas von dem, was er hatte, sein Eigentum, sondern sie hatten alles gemeinsam.
Die Gütergemeinschaft der Urgemeinde war freiwillig; sie brachte den Geist der Brüderlichkeit in wunderbarer Weise zum Ausdruck.
Mit großer Kraft legten die Apostel Zeugnis ab von der Auferstehung Jesu, des Herrn, und reiche Gnade ruhte auf ihnen allen.
Das hatte Stephanus ja gestern schon sehr eindrucksvoll erfahren dürfen.
Es gab auch keinen unter ihnen, der Not litt. Denn alle, die Grundstücke oder Häuser besaßen, verkauften ihren Besitz,
brachten den Erlös und legten ihn den Aposteln zu Füßen. Jedem wurde davon so viel zugeteilt, wie er nötig hatte. (Vgl. Apg 4,32-35).

Stephanus durfte selbstverständlich mit essen – von Timotheus ermuntert.
Viel essen konnte Stephanus nicht, er kam mit staunen nicht nach über diese innige Gemeinschaft hier. Vor allem freute er sich über seinen Freund Timotheus, den er hier entdeckt hatte und der ihm bei seiner Suche sehr hilfreich und echt brüderlich beigestanden hat.
Stephanus dankte ihm herzlich und verabschiedete sich.

Zwischen Stephanus und Petrus ergab sich sogar noch ein kurzes Gespräch, in dem sich Stephanus erklären konnte und die passenden Worte des Petrus von gestern pries.

Petrus lud ihn ein wieder zu kommen und versprach, dann mehr Zeit zum Gespräch für ihn zu haben. Sehr glücklich und mit dankbaren Gebeten lief Stephanus nach Hause – erfüllt mit großer Freude.

+++

Es war spät geworden. Der Vater empfing Stephanus mit besorgtem Blick und fragte: „Wo kommst du denn her?"

Stephanus: „Ich war im Tempel…"

… „der doch längst geschlossen ist!" fiel ihm der Vater ins Wort.

Stephanus: „ … und bei einer Versammlung dieser Christen, zu der mich mein Freund Timotheus mitgenommen hat".

Der erschrockene Vater: „Jahwe bewahre dich vor Abwegen!"

„Keine Sorge, Vater! Diese Versammlung schloss mit einem Gebet des Petrus an Jahwe".

Der Vater etwas beruhigter: „Das ist ja erfreulich".

Stephanus: „Petrus hat mich eingeladen wieder zu kommen.

Ich hätte ja noch einige Fragen an ihn".

„Lass dich nicht verunsichern, mein Sohn! Unser Weg ist der Bund mit Gott nach dem Gesetz des Moses. Durch alle Propheten verweist uns Jahwe darauf".

„Jahwe hat uns aber auch große Verheißungen durch die Propheten geschenkt, die uns erkennen lassen, dass das Gesetz nicht Jahwes letztes Wort ist." Der Vater: „Jahwe bewahre dich vor allen Abwegen!"

Stephanus: „Aber Vater! Sacharia spricht vom Auftreten des Messias und von der Offenbarung der Gottesherrschaft für die ganze Welt. Und vom Messias als König spricht auch Jesaia (s. Jes 9,1-6; 11,1-5, 60,5f).

Vater: „Was aber hat das alles mit diesem gekreuzigten Jesus zu tun?
Du weißt doch: **Ein Gehängter ist ein von Gott Verfluchter!“**
(s. Deut 21,22f).

Stephanus: „Pilatus hat keine Schuld an ihm finden können. Das Geschrei des Volkes hat ihn zur Verurteilung gezwungen. Dieser Jesus starb unschuldig!“ (s. Jes 53,3-5).

Der Vater: „Wohl eine anfechtbare Auslegung…“

Stephanus: „ Und die 10 gekreuzigten Galiläer durch die Römer, denen man auch keine direkte Schuld nachweisen konnte …?
Hat die vielleicht Jahwe verflucht?“

Der Vater: „Wohl nicht. - O Stephanus, ich bewundere dich.
Gleichzeitig aber mache ich mir Sorgen um dich…
Möge Jahwe dich auf seinen – mitunter rätselhaften - Wegen führen!“

+++

Beim nächsten Treff mit den Christen lernte Stephanus den Apostel Johannes näher kennen, der ja schon bei der Heilung des Gelähmten im Tempel dabei war. Dieser Treff war wiederum ein großes Erlebnis für Stephanus inmitten dieser freundlichen Gemeinde. Viele erkannten ihn wieder und begrüßten ihn besonders herzlich.
Alle nahmen wieder an dem großen Tisch Platz.
Dieses Mal predigte Johannes:

„Meine lieben Brüder und Schwestern!
Was wir gesehen und gehört haben, das verkünden wir auch euch, damit ihr Gemeinschaft mit uns habt. Wir aber haben Gemeinschaft mit dem Vater und mit seinem Sohn Jesus Christus.

Jetzt, meine Kinder, bleibt in Jesus Christus, damit wir, wenn er endgültig erscheint, die Zuversicht haben und bei seinem Kommen nicht zu unserer Schande von ihm gerichtet werden.
Wenn ihr wisst, dass er gerecht ist, erkennt auch, dass jeder, der die Gerechtigkeit tut, von Gott stammt.
Seht, wie groß die Liebe ist, die der Vater uns geschenkt hat:
Wir heißen Kinder Gottes und wir sind es. Die Welt erkennt uns nicht, weil sie ihn nicht erkannt hat.
Liebe Brüder, jetzt sind wir Kinder Gottes. Aber was wir sein werden, ist noch nicht offenbar geworden. Wir wissen, dass wir ihm ähnlich sein werden, wenn er offenbar wird; denn wir werden ihn sehen, wie er ist.
Jeder, der dies von ihm erhofft, heiligt sich, so wie ER heilig ist.
Jeder, der die Sünde tut, handelt gesetzwidrig; denn Sünde ist Gesetzwidrigkeit.
Ihr wisst, dass er erschienen ist, um die Sünde wegzunehmen, und er selbst ist ohne Sünde. Jeder, der in ihm bleibt, sündigt nicht. Jeder, der sündigt, hat ihn nicht erkannt.
Meine Kinder, lasst euch von niemand in die Irre führen! Wer die Gerechtigkeit tut, ist gerecht, wie ER gerecht ist.
Wer die Sünde tut, stammt vom Teufel; denn der Teufel sündigt von Anfang an. Der Sohn Gottes aber ist erschienen, um die Werke des Teufels zu zerstören.
Jeder, der von Gott stammt, tut keine Sünde, weil Gottes Same in ihm bleibt. Er kann nicht sündigen, weil er von Gott stammt.
Daran kann man die Kinder Gottes und die Kinder des Teufels erkennen:
Jeder, der die Gerechtigkeit nicht tut und seinen Bruder nicht liebt, ist nicht aus Gott.
Denn das ist die Botschaft, die ihr von Anfang an gehört habt:
Wir sollen einander lieben! und nicht wie Kain handeln, der von dem Bösen stammte und seinen Bruder erschlug. Warum hat er ihn

erschlagen? Weil seine Taten böse, die Taten seines Bruders aber gerecht waren.
Wundert euch nicht, meine Brüder, wenn die Welt euch hasst.
Wir wissen, dass wir aus dem Tod in das Leben hinübergegangen sind, weil wir die Brüder lieben. Wer nicht liebt, bleibt im Tod.
Jeder, der seinen Bruder hasst, ist ein Mörder und ihr wisst:
Kein Mörder hat ewiges Leben, das in ihm bleibt.
Daran haben wir die Liebe erkannt, dass Er sein Leben für uns hingegeben hat. So sollten auch wir für die Brüder das Leben hingeben.
Wenn jemand Vermögen hat und sein Herz vor dem Bruder verschließt, den er in Not sieht, wie kann die Gottesliebe in ihm bleiben?
Meine Kinder, wir wollen nicht mit Wort und Zunge lieben, sondern in Tat und Wahrheit.
Daran werden wir erkennen, dass wir aus der Wahrheit sind
und werden unser Herz in seiner Gegenwart beruhigen.
Denn wenn das Herz uns auch verurteilt - Gott ist größer als unser Herz und er weiß alles.
Der von seinem Gewissen verurteilte Christ weiß, dass er auf das göttliche Erbarmen hoffen kann.
Liebe Brüder, wenn das Herz uns aber nicht verurteilt, haben wir gegenüber Gott Zuversicht; alles, was wir erbitten, empfangen wir von ihm, weil wir seine Gebote halten und tun, was ihm gefällt.
Und das ist sein Gebot: Wir sollen an den Namen seines Sohnes Jesus Christus glauben und einander lieben, wie es seinem Gebot entspricht.
Wer seine Gebote hält, bleibt in Gott und Gott in ihm.
Dem einen Gott aber, der die Macht hat, euch vor jedem Fehltritt zu bewahren und euch untadelig und voll Freude vor seine Herrlichkeit treten zu lassen, ihm, der uns durch Jesus Christus, unseren Herrn, rettet, gebührt die Herrlichkeit, Hoheit, Macht und Gewalt vor aller Zeit und jetzt und für alle Zeiten. Amen. (Vgl. 1 Joh 1,3.28 - 4,25).

Stephanus war betroffen und begeistert von dieser sehr konkreten Botschaft, die anders war als die des Petrus, aber auch sie verkündete diesen gekreuzigten und auferstandenen Jesus Christus.
Nun suchte Stephanus nach weiteren Aposteln. Jesus hat sich klugerweise noch weitere Apostel gesucht für seine gigantische Botschaft.
Stephanus besuchte weiter diese christlichen Versammlungen.

Eines Tages predigte Jakobus, der ihn ebenfalls sehr beeindruckte mit seiner lebensnahen Konkretheit:
Jesus Christus, der Herr, grüße euch, die ihr in der Zerstreuung lebt (Vgl. Jak 1,1).
Denkt daran, meine geliebten Brüder: Jeder Mensch soll schnell bereit sein zu hören, aber zurückhaltend im Reden und nicht schnell zum Zorn bereit; denn im Zorn tut der Mensch nicht das, was vor Gott recht ist. Hört das Wort nicht nur an, sondern handelt danach; sonst betrügt ihr euch selbst.
Wer das Wort nur hört, aber nicht danach handelt, ist wie ein Mensch, der sein eigenes Gesicht im Spiegel betrachtet: Er betrachtet sich, geht weg und schon hat er vergessen, wie er aussah.
Wer sich aber in das vollkommene Gesetz der Freiheit vertieft und an ihm festhält, wer es nicht nur hört, um es wieder zu vergessen, sondern danach handelt, der wird durch sein Tun selig sein.“

> Ähnliches sagt ja auch der Psalmist, wusste Stephanus:
> ***Die Weisung des Herrn ist vollkommen, sie erquickt den Menschen. Das Gesetz des Herrn ist verlässlich, den Unwissenden macht es weise (Ps 19,8).***

Jakobus: **„Wer meint, er diene Gott, aber seine Zunge nicht im Zaum hält, der betrügt sich selbst und sein Gottesdienst ist wertlos.**
Ein reiner und makelloser Dienst vor Gott, dem Vater, besteht darin: für Waisen und Witwen zu sorgen, wenn sie in Not sind, und sich vor jeder Befleckung durch die Welt zu bewahren (Vgl. Jak 1,19-27).
Meine Brüder, haltet den Glauben an unseren Herrn Jesus Christus, den Herrn der Herrlichkeit, frei von jedem Ansehen der Person.
Wenn in eure Versammlung ein Mann mit goldenen Ringen und prächtiger Kleidung kommt, und zugleich kommt ein Armer in schmutziger Kleidung, und ihr blickt auf den Mann in der prächtigen Kleidung und sagt: Setz dich hier auf den guten Platz!, und zu dem Armen sagt ihr: Du kannst dort stehen!, oder: Setz dich zu meinen Füßen! - macht ihr dann nicht untereinander Unterschiede und fällt Urteile aufgrund verwerflicher Überlegungen?
Hört, meine geliebten Brüder: Hat Gott nicht die Armen in der Welt auserwählt, um sie durch den Glauben reich und zu Erben des Königreichs zu machen, das er denen verheißen hat, die ihn lieben?
Ihr aber verachtet den Armen. Sind es nicht die Reichen, die euch unterdrücken und euch vor die Gerichte schleppen?
Sind nicht sie es, die den hohen Namen lästern, der über euch ausgerufen worden ist?
Wenn ihr dagegen nach dem Wort der Schrift: Du sollst deinen Nächsten lieben wie dich selbst! das königliche Gesetz erfüllt, dann handelt ihr recht. Wenn ihr aber nach dem Ansehen der Person urteilt, begeht ihr eine Sünde und aus dem Gesetz selbst wird offenbar, dass ihr es übertreten habt.
Darum redet und handelt wie Menschen, die nach dem Gesetz der Freiheit gerichtet werden. Denn das Gericht ist erbarmungslos gegen den, der kein Erbarmen gezeigt hat. Barmherzigkeit aber triumphiert über das Gericht.

Wenn ihr nach dem Wort der Schrift handelt: Du sollst deinen Nächsten lieben wie dich selbst! – das königliche Gesetz erfüllt,
dann handelt ihr recht.

Das fordert ja auch unser Gesetz (s. Lev 19,18), erkannte Stephanus.
Wenn ihr aber nach dem Ansehen der Person urteilt, begeht ihr eine Sünde und aus dem Gesetz selbst wird offenbar, dass ihr es übertreten habt.
Das Gericht ist erbarmungslos gegen den, der kein Erbarmen zeigt. Barmherzigkeit aber triumphiert über das Gericht (Jak 2,1-13)".
Amen.

Stephanus entdeckte, das ja in dieser Verkündigung alles viel menschlicher und konkreter ist als immer nur die Gebote einzuschärfen wie in unserer Synagoge. Das gefiel ihm sehr.
Stephanus entschied nun, seinen Vater zu schonen und zurückhaltender bei anfallenden Disputen zu sein. Der Vater hat seinen Weg gefunden,
mit dem er sehr vertraut ist.
Stephanus aber ahnte, dass Jahwe wohl eine Weiterentwicklung im Glauben von uns allen erwartet durch diesen gekreuzigten und auferstandenen Jesus Christus. Das leuchtete Stephanus aus allen Predigten der drei Apostel wie auch aus dieser Gemeinde in ihrem Selbstverständnis und weiteren Verkündern wohltuend entgegen.

In einem weiteren Gespräch mit Petrus fragte dieser, ob er – Stephanus - die Taufe wünsche, um zu dieser Gemeinde vollständig zu gehören. Es gäbe in der Gemeinde viele Judenchristen, die weiterhin Jahwe nach wie vor verehren und glauben, das Jesus Christus der von Jahwe verheißene und gesandte Messias sei, den schon die Propheten erwarteten.

Jesus hat sich als Jude verstanden und entsprechend gelebt. Auch die Apostel lebten und leben noch immer als Juden nach dem Gesetz und nach dem, was Jesus sie gelehrt hat. Das widerspreche sich ja nicht,
vielmehr ergänze es sich. Verheißenes erfüllt sich.
Aber Wort und Beispiel Jesu überhole in manchen Punkten das Judentum.
Stephanus erfreute dieses Angebot, aber er bat noch um etwas Zeit zum Nachdenken, die Petrus ihm gern zugestand.

Stephanus wacher Geist trieb ihn mehr und mehr zur christlichen Urgemeinde in Jerusalem und zu den Aposteln und ließ ihn Jesus von Nazareth kennenlernen. Dessen Lebensbeispiel und Botschaft erkannte er als konkrete Weiterführung der Botschaft des Amos und aller Propheten
wie auch die unfassbar große Liebe Gottes zu den Menschen.

+++

Als Stephanus nach dem Gespräch mit Petrus wieder recht spät nach Hause kam, schaute ihm der Vater besorgt entgegen – wohl wissend, woher er kam.
Stephanus lächelte ihn an und erklärte:
„Jesus aus Nazareth verstand sich als Jude und lebte auch nach dem Gesetz des Moses. Auch diese christlichen Apostel leben weiter als Juden“.
Der Vater: „Die haben aber doch so einige ´Eigenwilligkeiten`,
die nicht so recht zu unserem Judentum passen…“
Stephanus: … „z.B. die Ansichten unserer Sadduzäer.
Vater: „Die gehören nun einmal zum Judentum“.
„Aber dieser Jesus widersprach ja auch den Pharisäern oft genug“,
erinnert Stephanus, „War das nicht oft genug sehr angebracht?“
Vater: „Das kann und will ich nicht beurteilen…“
Stephanus: „Sehr wesentlich dürfte wohl sein: Sie erkennen mit großer Freude in diesem Jesus den erwarteten Messias.“

Der Vater: „Das ist allerdings ein großer Unterschied zwischen uns und ein riesiger Irrtum auf deren Seite!"
Stephanus: „Wieso?"
Vater: „Wie kann aus Nazareth etwas Gutes kommen? –
Dieser Ort wird in unserer Bibel überhaupt nicht erwähnt!
Und wir wissen doch: Keiner weiß, woher der Messias kommt."
Stephanus: „Dort hat dieser Jesus jahrelang gelebt, er soll aber in Betlehem geboren sein – aus dem Stammbaum Davids, was einige Apostel meinen. Beide Ortschaften aber erklären nicht seine Herkunft.
Der Messias kommt doch letztlich von Jahwe."
Der Vater nachdenklich: „Ein bedenkenswertes Argument –
Aber wieso sollte dieser Jesus der Messias sein – ein Zimmermann aus Nazareth, aufmüpfig gegen unsere Obrigkeit, gekreuzigt, gestorben, begraben ... Wir haben doch ganz andere Maßstäbe für den Messias!"
Stephanus: „Ich will wirklich nicht frech werden, Papa, aber Jesaia beschreibt den Gottesknecht, den er für den Messias hält, wiederum ganz, ganz anders".
Stephanus griff nach einem Blatt seiner Papyri und las:

Vor seinen Augen wuchs er auf wie ein junger Spross,
wie ein Wurzeltrieb aus trockenem Boden. Er hatte keine schöne und edle Gestalt, sodass wir ihn anschauen mochten.
Er sah nicht so aus, dass wir Gefallen fanden an ihm.
Er wurde verachtet und von den Menschen gemieden,
ein Mann voller Schmerzen, mit Krankheit vertraut.
Wie einer, vor dem man das Gesicht verhüllt, war er verachtet;
wir schätzten ihn nicht. Aber er hat unsere Krankheit getragen und unsere Schmerzen auf sich geladen.
Wir meinten, er sei von Gott geschlagen, von ihm getroffen und gebeugt.
Doch er wurde durchbohrt wegen unserer Verbrechen, wegen unserer

Sünden zermalmt. Zu unserem Heil lag die Strafe auf ihm, durch seine Wunden sind wir geheilt.
Wir hatten uns alle verirrt wie Schafe, jeder ging für sich seinen Weg.
Doch der Herr lud auf ihn die Schuld von uns allen.
Er wurde misshandelt und niedergedrückt, aber er tat seinen Mund nicht auf. Wie ein Lamm, das man zum Schlachten führt,
und wie ein Schaf angesichts seiner Scherer, so tat auch er seinen Mund nicht auf.
Durch Haft und Gericht wurde er dahingerafft,
doch wen kümmerte sein Geschick? Er wurde vom Land der Lebenden abgeschnitten und wegen der Verbrechen seines Volkes zu Tode getroffen. Bei den Ruchlosen gab man ihm sein Grab,
bei den Verbrechern seine Ruhestätte, obwohl er kein Unrecht getan hat und kein trügerisches Wort in seinem Mund war.
Doch der Herr fand Gefallen an seinem zerschlagenen (Knecht),
er rettete den, der sein Leben als Sühnopfer hingab.
Der Plan des Herrn wird durch ihn gelingen.
Nachdem er so vieles ertrug, erblickt er das Licht.
Er sättigt sich an Erkenntnis. Mein Knecht, der gerechte,
macht die vielen gerecht; er lädt ihre Schuld auf sich.
Deshalb gebe ich ihm seinen Anteil, weil er sein Leben dem Tod preisgab und sich unter die Verbrecher rechnen ließ. Denn er trug die Sünden von vielen und trat für die Schuldigen ein (Vgl. Jes 53,2-12).
Der Vater: „Auslegungssache, mein Lieber!“
„Eben!“ bestätigte Stephanus lächelnd.

+++

Am Sabbat ging Stephanus mit seinem Vater zum Tempel, um in der großen Sabbat-Versammlung wieder einmal mit zu feiern. Dort traf er seinen Freund Timotheus. Stephanus fragte ihn, während der Vater mit seinen Freunden sprach, was er denn nun tatsächlich sei:
Jude oder Christ?
Timotheus antwortete: „Heute bin ich Jude. Aber eigentlich bin ich beides, Jude und Christ – wie ja auch die Apostel."
Stephanus fragte: „Du bist also getauft?" Timotheus: „Ja, das bin ich."
„O, das freut mich", bekannte Stephanus. Beide lachten sich an.
Timotheus erklärte: „Juden und Christen beten ja den gleichen Jahwe an!"
„Genau!" bestätigte Stephanus.

Timotheus ahnte bereits, was in seinem Freund vorging und fragte:
„Willst du auch getauft werden?"
„Eigentlich schon, bloß – wie wird das mein Vater verkraften?"
Timotheus: „Das hat mich vor drei Monaten auch ganz schön umgetrieben. Aber als ich ihm versprochen habe, dennoch auch Jude
zu bleiben, hat er sich beruhigt und schimpfte auf die Sadduzäer,
die überall in den Synagogen mitreden wollen und so schrecklich stur und konservativ sind und jede Änderung verdächtigen - wehe dem, der sich unvorschriftsmäßig die Haare schneiden lässt" Beide lachten.
Neben ihnen wurde gerade ein gemeinsamer Tanz eröffnet mit einer flotten Klezmer-Musik. Die beiden reihten sich mit ein und konnten somit ihre Freude über ihre neue Gemeinsamkeit genießen.
Stephanus erklärte seinem Freund, als er die nötige Puste wieder hatte, dass er mit seinem Vater ´auf der gleichen Schiene fahre` wie er mit dem Seinen, aber noch nicht so weit gekommen sei wie er.
„Das packst du schon noch!" prophezeite Timotheus und zog seinen Freund in das Getümmel des nächsten Tanzes hinein.
Nach dem Tanz fragte Timotheus seinen Freund:

„Wer wird denn dein Taufpate sein?“

„Darüber hab ich noch nicht nachgedacht“, bekannte Stephanus und fragte: „Wozu denn ein Taufpate?“

„Er bezeugt deine Taufe und hilft mit Rat und Tat, dass der Täufling ein richtiger Christ wird – eine große Verantwortung vor Jesus Christus“, erklärte Timotheus.

„Das finde ich klasse – aber das hast du ja schon übernommen! Willst und kannst du der Taufpate für mich sein?“ fragte Stephanus.

Timotheus: „Gern – wenn Petrus zustimmt bei deiner Bitte um die Taufe!“Sie umarmten sich.

Stephanus rief den Musikern zu: „Heh, wir brauchen unbedingt noch einen Tanz! Bitte!“ und warf ihnen eine entsprechende Münze zu.

Sie begannen sofort mit einer jauchzenden Musik und viele schlossen sich den Tanzenden an oder klatschten im umgebenden Kreis den Rhythmus zum Tanz.

+++

Zu Hause kam der Vater auf die aufgefallene Fröhlichkeit seines Sohnes zu sprechen. Stephanus tanzte ja bisher sehr selten mit.

Der Vater fragte: „Was hast du denn mit deinem Freund Timotheus ausgeheckt? Ihr wart ja ungemein fröhlich. Habt ihr zu reichlich Wein getrunken?“

„Keinen Tropfen!“ versicherte Stephanus, „Wir haben eine größere neue Gemeinsamkeit zwischen uns entdeckt, die uns so fröhlich macht.“

Der Vater: „Wäre es möglich, mich an dieser Fröhlichkeit teilhaben zu lassen? – Heute hatten in der Synagoge wieder einmal diese Sadduzäer das Wort, die wieder die Rechtgläubigkeit der anderen Juden anzweifelten. Und das war eben nicht sehr fröhlich.“

„Klar doch, Vater," antwortete Stephanus und schaute ihn eine Minute lang nachdenklich und lächelnd an. Dann sagte er:
„Also gut, Vater, du hast es gewollt.
Timotheus ist Judenchrist – wie die Apostel – und das möchte ich auch sein.
Deshalb will ich mich taufen lassen."
Der Vater atmete tief durch und setzte sich.
Das war die Aufforderung zu einem ausführlichen Gespräch.
Stephanus setzte sich ebenfalls und der Vater begann:
„Ein bedeutsamer Schritt, der gründlich bedacht werden sollte…"
„Das ist geschehen, Vater", bekannte Stephanus.
„Ja, das ließ sich nach unseren letzten Gesprächen bereits ahnen", bestätigte der Vater, „und deine Argumente waren bedenkenswert und großartig: Jesus aus Nazareth – ein Zimmermann – unschuldig verurteilt – gekreuzigt, gestorben und begraben – von den Toten auferstanden… das macht mit Blick auf den Gottesknecht im wahrsten Sinn fröhlich – im Gegensatz zu unseren hanebüchenen Streitigkeiten in der Synagoge."
Jetzt umarmte Stephanus seinen Vater und erklärte:
„Ich habe den klügsten und einsichtigsten Vater unter dem Himmel!"
Der Vater lächelte und erklärte: „Du bist mündig, mein Sohn.
Du brauchst meine Erlaubnis zu deinem bedeutsamen Schritt nicht.
Du trägst die Verantwortung für alle deine Schritte. Ich bin glücklich, wenn du dennoch Jude bleibst und als Jude lebst und weiterhin deinen ehrlichen Weg suchst und gehst. Möge Jahwe mit dir sein.   Amen."

Jetzt atmete Stephanus tief durch und erkannte beglückt, dass nun seiner Taufe nichts mehr im Wege stand.

+++

Sehr bald trafen sich die beiden Freunde wieder und Stephanus berichtete froh seinem zukünftigen Paten von der Entscheidung seines Vaters.
Beide umarmten sich vor Freude.
Darauf entschied Pate Timotheus: „Dann sollte ich versuchen, dich näher an Christus heranzuführen.“
„Sehr schön“, jubelte Stephanus, fragte aber mit leiser Sorge: „wie aber willst du das packen?“
„Das ist vielleicht einfacher und praktischer als du denkst: Wir folgen Jesus nach auf seinem Leidensweg hier in Jerusalem.“
„Oh!“ stieß Stephanus sehr erstaunt und betroffen aus.

Um diese heiligen Stätten der Christen vor Ort hatte er sich noch nie gekümmert. Sie waren ja überwachsen und somit fast verborgen und fanden in der Öffentlichkeit kaum Beachtung. Die Christen mussten noch sehr auf der Hut sein, sie wurden argwöhnisch belauert, verdächtigt und bedroht, verachtet, mitunter auch verfolgt; hatten als Körperschaft keine Rechte, konnten nur im Verborgenen zusammenkommen um ihren Gottesdienst zu feiern.

Stephanus war sofort Feuer und Flamme für diese wunderbare Idee seines Freundes und Taufpaten. Sie vereinbarten einen Termin für diesen bedeutsamen, verborgenen Weg und wollten beim nächsten Christentreff mit Petrus über die ersehnte Taufe für Stephanus sprechen.

Der Tag des vereinbarten Pilgerweges war gekommen. Stephanus war sehr gespannt und hatte sich im Gebet gut auf dieses für ihn wichtige Ereignis vorbereitet.
Sie ließen sich zunächst mit einem Fuhrwerk nach Betfage auf den Ölberg fahren. Dort erklärte Timotheus:

„Hier verlangte Jesus von seinen Jüngern einen Esel. Denn
als sich Jesus mit seinen Begleitern Jerusalem näherte und nach Betfage am Ölberg kam, schickte er zwei Jünger voraus
und sagte zu ihnen: Geht in das Dorf, das vor euch liegt; dort werdet ihr eine Eselin angebunden finden und ein Fohlen bei ihr. Bindet sie los und bringt sie zu mir! Und wenn euch jemand zur Rede stellt, dann sagt: Der Herr braucht sie, er lässt sie aber bald zurückbringen" (Mt 21,1-3).
Warum wohl diese Anordnung Jesu?" fragte Timotheus.
Stephanus war überfragt.
Timotheus erklärte weiter: „Denk an deine geliebten Propheten…!
Sagt der Tochter Zion: Siehe, dein König kommt zu dir.
Er ist friedfertig und er reitet auf einer Eselin
und auf einem Fohlen, dem Jungen eines Lasttiers (Mt 21,5).
Jesus deutet seinen Einzug in Jerusalem im Licht von Sacharja an:
Der Messias kommt doch als Vertreter der armen Leute.
Er will eine friedliche, sozial gerechte Herrschaft aufrichten".
Stephanus sehr erstaunt: „Das ist ja großartig!"
Timotheus: „So haben die Jünger Jesu auch empfunden:

Die Jünger brachten die Eselin und das Fohlen, legten ihre Kleider auf sie, und ER setzte sich darauf. Viele Menschen breiteten ihre Kleider auf der Straße aus, andere schnitten Zweige von den Bäumen und streuten sie auf den Weg. Die Leute aber, die vor ihm hergingen und die ihm folgten, riefen: Hosanna dem Sohn Davids! Gesegnet sei er, der kommt im Namen des Herrn. Hosanna in der Höhe!"
(Vgl. Mt 21,7ff).
Stephanus: „Wunderbar!" Timotheus: „Folgen wir IHM!"

Sie liefen den Ölberg hinab und bewunderten das herrliche Panorama der heiligen Stadt Jerusalem, das immer größer wurde. Diese Stadt war erwählt, den Messias zu empfangen, hat ihm aber sein Erlösungswerk unsagbar schwer gemacht.

Timotheus berichtete weiter, als sie in die Stadt kamen:
„Jesus ging in den Tempel und trieb alle Händler und Käufer aus dem Tempel hinaus; er stieß die Tische der Geldwechsler und die Stände der Taubenhändler um.

Im Tempelbezirk konnten die Tempelbesucher Opfertiere kaufen und zur Bezahlung der Tempelsteuer heidnisches Geld in Münzen ohne heidnische Götter- oder Herrscherbilder wechseln.

Er sagte: In der Schrift steht: Mein Haus soll ein Haus des Gebetes sein. Ihr aber macht daraus eine Räuberhöhle! (s. Jes 56,7; Jer 7,11) .

Im Tempel kamen Lahme und Blinde zu ihm und er heilte sie.
Als nun die Hohenpriester und die Schriftgelehrten die Wunder sahen, die er tat, und die Kinder im Tempel rufen hörten: Hosanna dem Sohn Davids!, da wurden sie ärgerlich und sagten zu ihm:
Hörst du, was sie rufen? Jesus antwortete ihnen: Ja, ich höre es. Habt ihr nie gelesen: Aus dem Mund der Kinder und Säuglinge schaffst du dir Lob? (s. Ps 8,3) und er ließ sie stehen und ging aus der Stadt hinaus nach Betanien; dort übernachtete er. (Mt 21,12-17).
Das brachte ihm Sympathie bei den Kleinen ein wie auch bei den Armen und Kranken, bei den Mächtigen und Gelehrten aber Ärger und letztlich die Verurteilung ein."

+++

Dahin gingen nun auch die beiden Pilger. Hier erklärte Timotheus:

„Darauf kam Jesus mit den Jüngern zu einem Grundstück, das man Getsemani nennt, und sagte zu ihnen: Setzt euch und wartet hier, während ich dort bete.

Und er nahm Petrus und die beiden Söhne des Zebedäus mit sich.

Da ergriff ihn Angst und Traurigkeit, und er sagte zu ihnen:

Meine Seele ist zu Tode betrübt. Bleibt hier und wacht mit mir!

Und er ging ein Stück weiter, warf sich zu Boden und betete:

Mein Vater, wenn es möglich ist, gehe dieser Kelch an mir vorüber. Aber nicht wie ich will, sondern wie du willst.

Und er ging zu den Jüngern zurück und fand sie schlafend.

Da sagte er zu Petrus: Konntet ihr nicht einmal eine Stunde mit mir wachen? Wacht und betet, damit ihr nicht in Versuchung geratet. Der Geist ist willig, aber das Fleisch ist schwach.

Dann ging er zum zweiten Mal weg und betete: Mein Vater, wenn dieser Kelch an mir nicht vorübergehen kann, ohne dass ich ihn trinke, geschehe dein Wille.

Als er zurückkam, fand er sie wieder schlafend, denn die Augen waren ihnen zugefallen.

Und er ging wieder von ihnen weg und betete zum dritten Mal mit den gleichen Worten. Danach kehrte er zu den Jüngern zurück und sagte zu ihnen: Schlaft ihr immer noch und ruht euch aus?

Die Stunde ist gekommen; jetzt wird der Menschensohn den Sündern ausgeliefert (Vgl Mt 26.36-45).

Die Jünger zeigten sich hier von ihrer schwächsten Seite, Jesus aber ging getreu seinen Weg."   Stephanus: „Das ist nicht zu fassen…".

Timotheus: „Es kommt noch schlimmer. Judas, einer seiner Apostel - hat Jesu Feinden für Geld verraten, wo sie Jesus unauffällig verhaften könnten. Das geschah nun.

Jesus sagte zu diesen Männern:
Wie gegen einen Räuber seid ihr mit Schwertern und Knüppeln ausgezogen, um mich festzunehmen. Tag für Tag saß ich im Tempel und lehrte und ihr habt mich nicht verhaftet. Das alles aber ist geschehen, damit die Schriften der Propheten in Erfüllung gehen.
Da verließen ihn alle Jünger und flohen.
Nach der Verhaftung führte man Jesus zum Hohenpriester Kajaphas, bei dem sich die Schriftgelehrten und die Ältesten versammelt hatten. Die Hohenpriester und der ganze Hohe Rat bemühten sich um falsche Zeugenaussagen gegen Jesus, um ihn zum Tod verurteilen zu können. Sie erreichten aber nichts, obwohl viele falsche Zeugen auftraten.
Zuletzt kamen zwei Männer und behaupteten: Er hat gesagt: Ich kann den Tempel Gottes niederreißen und in drei Tagen wieder aufbauen.
Da stand der Hohepriester auf und fragte Jesus: Willst du nichts sagen zu dem, was diese Leute gegen dich vorbringen?
Jesus aber schwieg. Darauf sagte der Hohepriester zu ihm: Ich beschwöre dich bei dem lebendigen Gott, sag uns:
Bist du der Messias, der Sohn Gottes?
Jesus antwortete: Du hast es gesagt. Doch ich erkläre euch:
Von nun an werdet ihr den Menschensohn zur Rechten der Macht sitzen und auf den Wolken des Himmels kommen sehen.
Da zerriss der Hohepriester sein Gewand und rief: Er hat Gott gelästert! Wozu brauchen wir noch Zeugen? Jetzt habt ihr die Gotteslästerung selbst gehört. Was ist eure Meinung?
Sie antworteten: Er ist schuldig und muss sterben.
Dann spuckten sie ihm ins Gesicht und schlugen ihn.
Andere ohrfeigten ihn und riefen: Messias, du bist doch ein Prophet! Sag uns: Wer hat dich geschlagen? (Vgl. Mt 26,55-68).

Als es Morgen wurde, fassten die Hohenpriester und die Ältesten des Volkes gemeinsam den Beschluss, Jesus hinrichten zu lassen.
Sie ließen ihn fesseln und abführen und lieferten ihn dem Statthalter Pilatus aus. (Mt 27,1-2).

Somit brachte man Jesus zur Römerfestung Antonia gleich neben dem Tempel. Dort gab es einen lächerlichen Prozess und Pilatus fand keine Schuld an Jesus, aber die verhärteten und verhetzten Juden schrien so lange, bis Pilatus ihn eben doch zur Kreuzigung verurteilte –
und Jesus schwieg."

Stephanus war nun so betroffen, dass gar nichts mehr sagen konnte.
Er schüttelte nur noch seinen Kopf…
Timotheus berichtete weiter:
„Nach einer brutalen Geißelung und einem bösartigen Soldatenspielchen – einer Dornenkrönung – luden sie ihm den Querbalken des Kreuzes auf…

Stephanus: „Der Gottesknecht!"
Timotheus: - und **führten Jesus hinaus, um ihn zu kreuzigen.**
(Vgl. Mt 27,31).
Komm, diesen Weg gehen wir jetzt", bestimmte Timotheus.
Plötzlich stoppte Timotheus und erklärte: **„Einen Mann, der gerade vom Feld kam, Simon von Zyrene, den Vater des Alexander und des Rufus, zwangen sie, sein Kreuz zu tragen" (Mk 15,21).**

Beide Söhne gehörten zur christlichen Urgemeinde in Rom.

Timotheus: „Aber es gibt noch eine zweite markante Stelle auf diesem Weg durch die Altstadt: **Es folgte eine große Menschenmenge, darunter auch Frauen, die um ihn klagten und weinten. Jesus wandte sich zu ihnen um und sagte: Ihr Frauen von Jerusalem, weint nicht über mich; weint über euch und eure Kinder! Denn es kommen Tage, da wird man sagen: Wohl**

den Frauen, die unfruchtbar sind, die nicht geboren und nicht gestillt haben. Dann wird man zu den Bergen sagen: Fallt auf uns!, und zu den Hügeln: Deckt uns zu! (s. Hos 10,8) Denn wenn das mit dem grünen Holz geschieht, was wird dann erst mit dem dürren werden?" (Lk 19,27-31). Stephanus staunte über die Kondition Jesus bei seiner Qual, dass er diesen Frauen mit einem Propheten-Spruch versuchte, sich für die Zukunft bereit zu halten.

So erreichten die beiden ´Pilger` endlich die Richtstätte ´Golgota`.
Beide Freunde standen nun betroffen vor diesem felsigen, wild bewachsenen Hügel außerhalb der zweiten Stadtmauer, unweit des
Hippicus-Tores.
Beide verharrten lange tief ergriffen und still betend vor dem Ort,
wo ihr Erlöser am Kreuz gestorben ist.

Schließlich drängte Timotheus zum leeren Grab - ganz in der Nähe,
vor dem sie einen österlichen Hymnus sangen, der zum
vertrauten Repertoire der Urgemeinde gehörte.
Mit diesem frohmachenden Gesang vollendete sich der katechetische Pilgerweg der beiden Freunde, wofür Stephanus seinem Paten ganz herzlich dankte.

+++

Durch die Hände der Apostel geschahen viele Zeichen und Wunder im Volk. Alle kamen einmütig inzwischen **in der Halle Salomos** an der Ostseite des Tempel-Platzes **zusammen.**
Von den übrigen wagte niemand, sich ihnen anzuschließen; aber das Volk schätzte sie hoch. Immer mehr wurden im Glauben an Jesus Christus geführt, Scharen von Männern und Frauen.

Selbst die Kranken trug man auf die Straßen hinaus und legte sie auf Betten und Bahren, damit, wenn Petrus vorüber kam, wenigstens sein Schatten auf einen von ihnen fiel.
Auch aus den Nachbarstädten Jerusalems strömten die Leute zusammen und brachten Kranke und von unreinen Geistern Geplagte mit. Und alle wurden geheilt.
Da erhoben sich voll Eifersucht der Hohepriester und alle, die auf seiner Seite standen, nämlich die Gruppe der Sadduzäer.
Sie ließen die Apostel verhaften und in das öffentliche Gefängnis werfen.
Ein Engel des Herrn aber öffnete nachts die Gefängnistore, führte sie heraus und sagte: Geht, tretet im Tempel auf und verkündet dem Volk alle Worte dieses Lebens! Sie gehorchten und gingen bei Tagesanbruch in den Tempel und lehrten.
Währenddessen kam der Hohepriester mit seinen Begleitern. Sie riefen den Hohen Rat und alle Ältesten der Söhne Israels zusammen. Man schickte Boten zum Gefängnis, um die Apostel vorführen zu lassen. Die Diener gingen, fanden sie aber nicht im Gefängnis. Sie kehrten zurück und meldeten: Wir fanden das Gefängnis sorgfältig verschlossen und die Wachen vor den Toren stehen; als wir aber öffneten, fanden wir niemand darin.
Der Tempelhauptmann und die Hohenpriester waren ratlos, als sie das hörten, und wussten nicht, was nun werden sollte.
Da kam jemand und meldete ihnen: Die Männer, die ihr ins Gefängnis geworfen habt, stehen im Tempel und lehren das Volk.
Da ging der Tempelhauptmann mit seinen Leuten hin und holte sie, allerdings nicht mit Gewalt; denn sie fürchteten, vom Volk gesteinigt zu werden. Man führte sie herbei und stellte sie vor den Hohen Rat. Der Hohepriester verhörte sie und sagte: Wir haben euch streng verboten, in diesem Namen zu lehren; ihr aber habt Jerusalem mit eurer Lehre erfüllt; ihr wollt das Blut dieses Menschen über uns bringen.

Petrus und die Apostel antworteten:
„Man muss Gott mehr gehorchen als den Menschen. Der Gott unserer Väter hat Jesus auferweckt, den ihr ans Holz gehängt und ermordet habt. Ihn hat Gott als Herrscher und Retter an seine rechte Seite erhoben, um Israel die Umkehr und Vergebung der Sünden zu schenken. Zeugen dieser Ereignisse sind wir und der Heilige Geist, den Gott allen verliehen hat, die ihm gehorchen".
Als sie das hörten, gerieten sie in Zorn und beschlossen, sie zu töten.
Da erhob sich im Hohen Rat ein Pharisäer namens Gamaliël, ein beim ganzen Volk angesehener Gesetzeslehrer; er ließ die Apostel für kurze Zeit hinausführen. Dann sagte er: „Israeliten, überlegt euch gut, was ihr mit diesen Leuten tun wollt.
Vor einiger Zeit nämlich trat Theudas auf und behauptete, er sei etwas Besonderes. Ihm schlossen sich etwa vierhundert Männer an. Aber er wurde getötet und sein ganzer Anhang wurde zerstreut und aufgerieben.
Nach ihm trat in den Tagen der Volkszählung Judas, der Galiläer, auf; er brachte viel Volk hinter sich und verleitete es zum Aufruhr. Auch er kam um und alle seine Anhänger wurden zerstreut.
38 Darum rate ich euch jetzt: Lasst von diesen Männern ab und gebt sie frei; denn wenn dieses Vorhaben oder dieses Werk von Menschen stammt, wird es zerstört werden; stammt es aber von Gott, so könnt ihr sie nicht vernichten; sonst werdet ihr noch als Kämpfer gegen Gott dastehen".
Sie stimmten ihm zu, riefen die Apostel herein und ließen sie auspeitschen; dann verboten sie ihnen, im Namen Jesu zu predigen, und ließen sie frei.
Sie aber gingen weg vom Hohen Rat und freuten sich, dass sie gewürdigt worden waren, für seinen Namen Schmach zu erleiden.
Und Tag für Tag lehrten sie unermüdlich im Tempel und in den Häusern und verkündeten das Evangelium von Jesus, dem Christus.

(Vgl. Apg 5,12 –42).

Derartige Begebenheiten bauten Stephanus auf zu einem aktiven, christlichen Gemeindeglied der Jerusalemer Urgemeinde, der darauf brannte, sich entsprechend zu bewähren.

Inzwischen kam die Taufmeldung des Stephanus bei Petrus an, der sich sehr darüber freute. Er stimmte selbstverständlich zu und freute sich auch über den Taufpaten Timotheus, der Petrus von ihrem katechetischen Pilgerweg erzählt hatte.

Die Taufe wurde von Petrus selbst in einem privaten Teich vorgenommen. Stephanus und weitere elf Bewerber hatten sich beworben. Der Taufe schloss sich ein fröhliches Fest mit der ganzen Gemeinde an.

Nun war Stephanus wie sein Freund und Taufpate Timotheus Jude und Christ. Timotheus versprach seinem Täufling einen weiteren Pilgerweg: Nach Betanien.

Sehr bald machten sie sich auf den Weg – zunächst zum Haus des Kaiaphas. Dort wurde Jesus verhört und zum Tode verurteilt durch die jüdische Obrigkeit, dem allerdings der römische Pontius Pilatus noch zustimmen musste.

Im Keller jenes Hauses verbrachte Jesus die letzte Nacht seines irdischen Lebens, um am nächsten Morgen Pilatus vorgeführt zu werden.

Mit einigem Abstand betrachteten die beiden Pilger das Haus.

Sie waren entsetzt über die Schuld, die dieses jüdische Gremium auf sich geladen hat und beteten still für ihr Volk und für alle, die vor Gott Schuld auf sich laden, wobei die beiden Pilger wussten, dass auch sie selbst zu den Schuldbeladenen gehören.

Nun war es nicht mehr weit bis nach Betanien - ihrem ursprünglichen Ziel. Sie wurden freundlich empfangen von Martha und Maria. Die beiden

Besucher wurden sofort zu Tisch gebeten. Dafür sorgte noch immer die fleißige Martha, ihre Schwester aber half ihr dabei.
Sie erzählten, dass sie viele Male Jesus beköstigt und für sein Nachtlager gesorgt haben.

Maria erwähnte, dass Martha nicht mehr so hektisch den Tisch überreichlich deckt und dass Jesus ihren Bruder nach vier Tagen aus dem Grab gerufen hat, womit er ein großes, unfassbares Zeichen gesetzt hatte – kurz vor seiner Verurteilung zum Kreuzestod
(s. Lk 10,38-42 und Joh 11,1- 44).

Timotheus erzählte:
„Viele Juden hatten erfahren, dass Jesus dort in Betanien **war, und sie kamen, jedoch nicht nur um Jesu willen, sondern auch um Lazarus zu sehen, den er von den Toten auferweckt hatte.**
Die Hohenpriester aber beschlossen, auch Lazarus zu töten,
weil viele Juden seinetwegen hingingen und an Jesus glaubten.“
(Vgl. Joh 12,9-11).

Beide waren entsetzt über die Verhärtung der Hohenpriester, die sich offensichtlich gegen den Willen Jahwes mit ihrem Beschluss stellten, statt endlich die großen Zeichen Jesu zu verstehen und anzuerkennen.
Traurig traten sie den Heimweg an.

+++

Das Bemühen um den Glauben an Jesus Christus erweckt nicht nur Begeisterung und schenkt Freude, es kann auch tiefe Traurigkeit auslösen, entdeckte Stephanus. Das zeigte ja auch das irdische Leben Jesu.
Deswegen riet ja Jesus: „Betet Dein Reich komme!“

Sehr bald musste Stephanus erkennen, dass auch in der Jerusalemer Urgemeinde nicht nur der Heilige Geist regiert, sondern auch Ungeist Christen vergiften und Spaltung bewirken kann, was ihn ebenfalls traurig machte.

Am Sonntag ist die Gemeinde wieder zusammengekommen zu Gottesdienst und Abendessen.

Dieses Mal predigte Matthäus:

„Liebe Brüder und Schwestern in Christus!

Ihr seid das Salz der Erde! Wenn das Salz seinen Geschmack verliert, womit kann man es wieder salzig machen? Es taugt zu nichts mehr; es wird weggeworfen und von den Leuten zertreten.

Ihr seid das Licht der Welt! Eine Stadt, die auf einem Berg liegt, kann nicht verborgen bleiben. Man zündet auch nicht ein Licht an und stülpt ein Gefäß darüber, sondern man stellt es auf den Leuchter; dann leuchtet es allen im Haus. So soll euer Licht vor den Menschen leuchten, damit sie eure guten Werke sehen und euren Vater im Himmel preisen.

Denkt nicht, Christus sei gekommen, um das Gesetz und die Propheten aufzuheben. ER ist nicht gekommen, um aufzuheben, sondern um zu erfüllen. Amen, das sage ich euch: Bis Himmel und Erde vergehen, wird auch nicht der kleinste Buchstabe des Gesetzes vergehen, bevor nicht alles geschehen ist.

Wer auch nur eines von den kleinsten Geboten aufhebt und die Menschen entsprechend lehrt, der wird im Himmelreich der Kleinste sein. Wer sie aber hält und halten lehrt, der wird groß sein im Himmelreich.

Darum sage ich euch: Wenn eure Gerechtigkeit nicht weit größer ist als die der Schriftgelehrten und der Pharisäer, werdet ihr nicht in das Himmelreich kommen.

Ihr habt gehört, dass zu den Alten gesagt worden ist: Du sollst nicht töten; wer aber jemand tötet, soll dem Gericht verfallen sein.
Christus aber sagt: Jeder, der seinem Bruder auch nur zürnt, soll dem Gericht verfallen sein; und wer zu seinem Bruder sagt: Du Dummkopf!, soll dem Spruch des Hohen Rates verfallen sein; wer aber zu ihm sagt: Du (gottloser) Narr!, soll dem Feuer der Hölle verfallen sein.
Wenn du deine Opfergabe zum Altar bringst und dir dabei einfällt, dass dein Bruder etwas gegen dich hat, so lass deine Gabe dort vor dem Altar liegen; geh und versöhne dich zuerst mit deinem Bruder, dann komm und opfere deine Gabe.
Schließ ohne Zögern Frieden mit deinem Gegner, solange du mit ihm noch auf dem Weg zum Gericht bist.
Sonst wird dich dein Gegner vor den Richter bringen und der Richter wird dich dem Gerichtsdiener übergeben und du wirst ins Gefängnis geworfen. Amen, das sage ich dir: Du kommst von dort nicht heraus, bis du den letzten Pfennig bezahlt hast.

Wenn dich dein rechtes Auge zum Bösen verführt, dann reiß es aus und wirf es weg! Denn es ist besser für dich, dass eines deiner Glieder verloren geht, als dass dein ganzer Leib in die Hölle geworfen wird.
Und wenn dich deine rechte Hand zum Bösen verführt, dann hau sie ab und wirf sie weg! Denn es ist besser für dich, dass eines deiner Glieder verloren geht, als dass dein ganzer Leib in die Hölle kommt.
Ihr habt gehört, dass zu den Alten gesagt worden ist: Du sollst keinen Meineid schwören, Christus aber sag: Schwört überhaupt nicht,
Euer Ja sei ein Ja, euer Nein ein Nein; alles andere stammt vom Bösen. Amen.“ (Vgl. Mt 5,13-37).

Das war wieder eine eindrucksvolle, lebenspraktische Predigt, viel direkter und konkreter als die Synagogen-Predigten. Stephanus fühlte sich getroffen, war aber dennoch begeistert von dieser Klarheit.

Nun wurden die Tische für das Abendessen gedeckt, woran sich Stephanus mit beteiligte. Ein großer Tisch reichte nicht mehr aus, denn die Gemeinde wuchs ständig weiter.
Nachdem jeder seine Portion erhalten hatte, aber sowohl Speise wie auch noch Hunger vorhanden waren, wurde weiter Essen verteilt.
Die Judenchristen an den vorderen Tischen meldeten sich recht heftig für eine zweite Portion und wurden bedient. Für die etwas bescheideneren Heidenchristen an den hinteren Tischen war nichts mehr übrig. Sie gingen oft leer aus. Das geschah auch bei der täglichen Versorgung der Witwen. Zuerst bekamen die jüdischen, die griechischen Witwen wurden häufig übersehen. Daher begehrten schließlich die Griechen gegen die Juden auf. Das entsprach eben nicht einer christlichen Gemeinde als ´Salz der Erde` oder ´Licht der Welt`. Stephanus war sehr enttäuscht, aber er setzte sich sofort für die Benachteiligten ein.
Da riefen die Zwölf die ganze Schar der Jünger zusammen und erklärten: Es ist nicht recht, dass wir das Wort Gottes vernachlässigen und uns dem Dienst an den Tischen widmen.
Brüder, wählt aus eurer Mitte sieben Männer von gutem Ruf und voll Geist und Weisheit; ihnen werden wir diese Aufgabe übertragen.
Wir aber wollen beim Gebet und beim Dienst am Wort bleiben.
Der Vorschlag fand den Beifall der ganzen Gemeinde, und sie wählten Stephanus, inzwischen **ein Mann, erfüllt vom Glauben und vom Heiligen Geist, ferner Philippus und Prochorus, Nikanor und Timon, Parmenas und Nikolaus - einen Proselyten aus Antiochia.**
Sie ließen sie vor die Apostel hintreten und diese beteten und legten ihnen die Hände auf. (Vgl. Apg 6,1-6).

Nun kümmerten sich Stephanus und die sechs anderen Gewählten um den Tischdienst und regelten auch die tägliche Versorgung der Witwen neu. So konnte die mangelhafte Bedienung der Heidenchristen beseitigt werden und der Frieden in der Gemeinde zog wieder ein.
Und das Wort Gottes breitete sich aus und die Zahl der Jünger in Jerusalem wurde immer größer; auch eine große Anzahl von Priestern erkannte gläubig in Jesus den Messias (Vgl. Apg 6,7).
Das Bemühen um diesen Glauben an Christus und das starke Engagement in der Jerusalemer Urgemeinde trafen voll und ganz Geist und Herz des Stephanus. Dort engagierte er sich nun als lebendiges Gemeindeglied,
als Sozialarbeiter, Diakon und Verkünder.

´Der Verkünder` wird deutlich in Stephanus Rede vor dem Hohen Rat,
in der er die gesamte von Jahwe verfügte Heilsgeschichte für das Volk Israel sehr verständlich für alle gutwilligen Zuhörer zusammenfasste.
Die Apostelgeschichte weiß im übrigen: **Stephanus voll Gnade und Kraft tat Wunder und große Zeichen unter dem Volk (Vgl. Apg 6,8).**
Sie weiß aber auch:
Einige von der sogenannten Synagoge der Libertiner und Zyrenäer und Alexandriner und Leute aus Zilizien und der Provinz Asien erhoben sich, um mit Stephanus zu streiten;
aber sie konnten der Weisheit und dem Geist, mit dem Stephanus sprach, nicht widerstehen (Vgl. Apg 6,9f).
Deshalb wurden sie sehr unfair:
Sie stifteten Männer zu der Aussage an: Wir haben gehört, wie er gegen Mose und Gott lästerte. Sie hetzten das Volk, die Ältesten und die Schriftgelehrten auf, drangen auf ihn ein, packten ihn und schleppten ihn vor den Hohen Rat.
Sie brachten falsche Zeugen bei, die sagten: Dieser Mensch hört nicht auf, gegen diesen heiligen Ort und das Gesetz zu reden.

Wir haben ihn nämlich sagen hören: Dieser Jesus, der Nazoräer, wird diesen Ort zerstören und die Bräuche ändern, die uns Mose überliefert hat (Vgl. Apg 6,11-14).

Als alle, die im Hohen Rat saßen, auf ihn blickten, erschien ihnen sein Gesicht wie das Gesicht eines Engels.
Der Hohepriester aber fragte, als er diese Vorwürfe gegen Stephanus hörte: **„Ist das wahr?" (Vgl. Apg 6,15-7,1).**

Nun folgt Stephanus große Rede:
„Brüder und Väter, hört mich an! Der Gott der Herrlichkeit erschien unserem Vater Abraham, als er in Mesopotamien lebte, ehe er sich in Haran niederließ, und sagte zu ihm:
Zieh weg aus deinem Land und aus deiner Verwandtschaft und geh in das Land, das ich dir zeigen werde.
Da zog er aus dem Land der Chaldäer fort und ließ sich in Haran nieder. Von dort ließ Gott ihn nach dem Tod seines Vaters in dieses Land übersiedeln, in dem ihr jetzt wohnt.
Er hat ihm darin kein Erbteil gegeben, auch nicht einen Fußbreit, doch hat er verheißen, das Land ihm und seinen Nachkommen zum Besitz zu geben, obwohl er kinderlos war.
So sprach Gott: Seine Nachkommen werden als Fremde in einem Land wohnen, das ihnen nicht gehört; und man wird sie zu Sklaven machen und sie vierhundert Jahre lang hart behandeln.
Aber auch über das Volk, dem sie als Sklaven dienen, werde ich Gericht halten, sprach Gott, und nachher werden sie ausziehen und mich an diesem Ort verehren.
Und er gab ihm den Bund der Beschneidung. So wurde Abraham der Vater Isaaks und beschnitt ihn am achten Tag, ebenso Isaak den Jakob, und Jakob die zwölf Patriarchen.

Die Patriarchen aber waren eifersüchtig auf Josef und verkauften ihn nach Ägypten; doch Gott war mit ihm.
Er rettete ihn aus allen seinen Nöten, schenkte ihm Weisheit und die Gunst des Pharao, des Königs von Ägypten, und er bestellte ihn zum Herrscher über Ägypten und über sein ganzes Haus.
Es kam aber eine Hungersnot über ganz Ägypten und Kanaan und das Elend war groß. Auch unsere Väter hatten keine Nahrung mehr.
Als Jakob hörte, dass es in Ägypten Getreide gab, schickte er unsere Väter ein erstes Mal dorthin.
Beim zweiten Mal gab Josef sich seinen Brüdern zu erkennen und dem Pharao wurde Josefs Herkunft bekannt.
Josef aber ließ seinen Vater Jakob und seine ganze Familie holen: fünfundsiebzig Menschen.
So zog Jakob nach Ägypten hinab; und er starb und auch unsere Väter starben. Man brachte sie nach Sichem und bestattete sie in dem Grab, das Abraham von den Söhnen Hamors in Sichem für Silbergeld gekauft hatte.
Als aber die Zeit der Verheißung herankam, die Gott dem Abraham zugesagt hatte, vermehrte sich das Volk und breitete sich in Ägypten aus, bis ein anderer über Ägypten König wurde, der von Josef nichts wusste.
Er ging gegen unser Volk heimtückisch vor und zwang unsere Väter, ihre Kinder auszusetzen; sie sollten nicht am Leben bleiben.
In dieser Zeit wurde Mose geboren und Gott hatte Gefallen an ihm. Drei Monate lang wurde er im Haus seines Vaters aufgezogen;
als er aber ausgesetzt wurde, nahm ihn die Tochter des Pharao auf und erzog ihn als ihren Sohn.
Und Mose wurde in aller Weisheit der Ägypter ausgebildet und er war mächtig in Wort und Tat.
Als er vierzig Jahre alt war, reifte in ihm der Gedanke, nach seinen Brüdern, den Söhnen Israels, zu sehen.

Und als er sah, wie einem von ihnen Unrecht geschah, kam er dem Unterdrückten zu Hilfe und rächte ihn, indem er den Ägypter erschlug.
Er dachte, seine Brüder würden begreifen, dass Gott ihnen durch seine Hand Rettung bringen wolle; doch sie begriffen es nicht.
Am folgenden Tag kam er dazu, wie sie sich stritten; er versuchte, sie auszusöhnen und Frieden zu stiften, und sagte: Männer, ihr seid doch Brüder. Warum tut ihr einander Unrecht?
Der Mann aber, der seinem Nächsten Unrecht getan hatte, stieß ihn weg und sagte: Wer hat dich zum Anführer und Schiedsrichter über uns bestellt? Willst du mich etwa umbringen, wie du gestern den Ägypter umgebracht hast?
Daraufhin floh Mose und hielt sich als Fremder in Midian auf; dort wurden ihm zwei Söhne geboren.

Als vierzig Jahre vergangen waren, erschien ihm in der Wüste beim Berg Sinai ein Engel im Feuer eines brennenden Dornbusches.
Als Mose die Erscheinung sah, wunderte er sich darüber. Er ging näher hin, um sie genauer zu betrachten. Da ertönte die Stimme des Herrn:
Ich bin der Gott deiner Väter, der Gott Abrahams, Isaaks und Jakobs. Mose begann zu zittern und wagte nicht hinzusehen.
Da sagte der Herr zu ihm: Zieh deine Schuhe aus! Denn der Ort, wo du stehst, ist heiliger Boden.
Ich habe das Elend meines Volkes in Ägypten gesehen und seine Klage gehört. Ich bin herabgestiegen, um sie zu retten. Und jetzt geh, ich sende dich nach Ägypten.

Diesen Mose, der vom eigenen Volk abgelehnt wurde mit den Worten: Wer hat dich zum Anführer und Schiedsrichter bestellt?, ihn hat Gott als Anführer und Befreier gesandt durch die Hand des Engels, der ihm im Dornbusch erschien.

Dieser Mose hat sie herausgeführt, indem er Zeichen und Wunder tat in Ägypten und im Roten Meer und in der Wüste, vierzig Jahre lang.
Dies ist der Mose, der zu den Söhnen Israels gesagt hat: Einen Propheten wie mich wird Gott euch aus euren Brüdern erwecken.
Dieser stand bei der Versammlung des Volkes in der Wüste zwischen dem Engel, der mit ihm auf dem Berg Sinai redete, und unseren Vätern. Er hat Worte des Lebens empfangen, um sie uns zu geben.
Aber unsere Väter wollten sich ihm nicht unterordnen; sie wiesen ihn ab und wandten ihr Herz nach Ägypten zurück.
Sie sagten zu Aaron: Mach uns Götter, die vor uns herziehen! Denn dieser Mose, der uns aus Ägypten herausgeführt hat - wir wissen nicht, was mit ihm geschehen ist.
Und sie fertigten in jenen Tagen das Standbild eines Kalbes an, brachten dem Götzen Opfer dar und freuten sich über das Werk ihrer Hände.
Da wandte sich Gott ab und überließ sie dem Sternenkult, wie es im Buch der Propheten heißt: Habt ihr mir etwa Schlachtopfer und Gaben dargebracht während der vierzig Jahre in der Wüste, ihr vom Haus Israel?
Das Zelt des Moloch und den Stern des Gottes Romfa habt ihr herumgetragen, die Bilder, die ihr gemacht habt, um sie anzubeten. Darum will ich euch in die Gebiete jenseits von Babylon verbannen.
Unsere Väter hatten in der Wüste das Bundeszelt. So hat Gott es angeordnet; er hat dem Mose befohlen, es nach dem Vorbild zu errichten, das er geschaut hatte.
Und unsere Väter haben es übernommen und mitgebracht, als sie unter Josua das Land der Heidenvölker besetzten, die Gott vor den Augen unserer Väter vertrieb, bis zu den Tagen Davids.
Dieser fand Gnade vor Gott und bat für das Haus Jakob um ein Zeltheiligtum. Salomo aber baute ihm ein Haus.

Doch der Höchste wohnt nicht in dem, was von Menschenhand gemacht ist, wie der Prophet sagt: Der Himmel ist mein Thron und die Erde der Schemel für meine Füße. Was für ein Haus könnt ihr mir bauen, spricht der Herr. Oder welcher Ort kann mir als Ruhestätte dienen? Hat nicht meine Hand dies alles gemacht? (Vgl. Apg 7,2-50).

Soweit waren sich Stephanus und seine Gegner Einig.
Stephanus aber meinte, er müsse seinen Gegnern ein deutliches Wort zu ihrer Feindseligkeit sagen, die mit dem aktuellen Ereignissen um Jesus und die Entstehung der christlichen Gemeinde in Jerusalem nicht klar kamen und sich somit auch von ihrem Gott entfernten. Stephanus deutete dabei Szenen aus der Heilsgeschichte Israels an, in denen sich auch schon Gegner erhoben gegen Jahwe und seine Propheten zum Schaden des Gottesvolkes, was Stephanus verhindern wollte. So ´donnerte` er sie an – ähnlich wie sein verehrter Prophet Amos das Gottesvolk Israel:
„Ihr Halsstarrigen, ihr, die ihr euch mit Herz und Ohr immerzu dem Heiligen Geist widersetzt, eure Väter schon und nun auch ihr. Welchen der Propheten haben eure Väter nicht verfolgt?
Sie haben die getötet, die die Ankunft des Gerechten geweissagt haben, dessen Verräter und Mörder ihr jetzt geworden seid, ihr, die ihr durch die Anordnung von Engeln das Gesetz empfangen, es aber nicht gehalten habt!
Als sie das hörten, waren sie aufs Äußerste über ihn empört und knirschten mit den Zähnen.
Er aber, erfüllt vom Heiligen Geist, blickte zum Himmel empor, sah die Herrlichkeit Gottes und Jesus zur Rechten Gottes stehen und rief:
Ich sehe den Himmel offen und den Menschensohn zur Rechten Gottes stehen“ (Apg 7,51-55).

Es schreibt sich in das Angesicht, was ein Mensch mit seinen Augen sucht und in seinem Herzen schaut. Was wir im Auge haben, das prägt uns, dahinein werden wir verwandelt. Denn wir kommen, wohin wir schauen: Wer aufschaut, nach oben; wer herabschaut, nach unten.

Die Schrift gibt uns deutlich zu verstehen, dass der Aufblick die Blickrichtung Jesu gewesen ist. In den Stunden des Gebetes, der Versuchung, der Freude wie auch der Angst.

Jesus erhob seine Augen nach oben und durfte erfahren, wie sich ihm der Himmel öffnete und die Kraft Gottes ihn stärkte. Ähnliches wird ja auch von Stephanus gesagt. Was Jesus und Stephanus widerfuhr, widerfährt jedem Menschen, der den Blick nach oben zu seiner Wesenshaltung gemacht hat. Auch über ihm öffnet sich der Himmel.

Wahrscheinlich haben wir alle schon solche Augenblicke erleben dürfen: in jener Situation, da wir uns nicht von der alltäglichen Betriebsamkeit und der vermeintlichen Zeitnot verschlucken ließen, sondern trotz aller Beschäftigung und Arbeit Minuten fanden, zu Gott aufzublicken;

als wir ja sagten zu etwas, das uns schwer fiel;

als wir nicht zurückschlugen, obwohl man uns Unrecht tat;

als wir – gleich Stephanus – mutig für unseren Glauben eintraten, ohne dabei die Liebe zu verletzen;

als wir uns nicht von einer dunklen Leidenschaft niederreißen ließen, sondern Gott und uns selbst treu blieben – dann öffnete sich auch über uns ein lichtvoller Himmel und wir erkannten unseren Weg sehr klar.

Die Verwandlung in das, wohin wir schauen, ist ein Prozess, dessen Steuerung in unsere Hand gelegt ist. Er verläuft in der Zeit unseres irdischen Daseins und vollendet sich in der Stunde unseres Todes.

Vgl. A. Sand, Das Evangelium nach Mt, Leipzig 1986 S. 285

Aber kehren wir zurück zu Stephanus:

„Da erhoben sie ein lautes Geschrei, hielten sich die Ohren zu, stürmten gemeinsam auf ihn los, trieben ihn zur Stadt hinaus und steinigten ihn. Die Zeugen legten ihre Kleider zu Füßen eines jungen Mannes nieder, der Saulus hieß.

So steinigten sie Stephanus; er aber betete und rief:

„Herr Jesus, nimm meinen Geist auf!“ -

ähnlich wie auch Jesus im Sterben gebetet hat (s. Lk 23,46).

Nach diesen Worten hauchte er den Geist aus.

Dann sank er in die Knie und schrie laut:

„Herr, rechne ihnen diese Sünde nicht an!“

Auch Jesus betete im Sterben für seine Feinde: *(s. Lk 23,34).*

Nach diesen Worten starb Stephanus.

Saulus aber war mit dem Mord einverstanden. (Vgl. Apg7,54 - 8,1a).

Somit dürfen wir sicher sein, dass Jesus Christus ihn in sein himmlisches Reich aufgenommen hat.

Alle Bibelstellen und Erläuterungen sind entnommen der Quadro Bibel – Der Einheitsübersetzung 1980 , katholische Bibelanstalt.

Entnommen aus Illustriertem Führer durch das alte
Jerusalem als Modell - der zweite Tempel
von Michael Avi-Yonah

Printed by Books on Demand GmbH, Norderstedt / Germany